国際人権(自由権)規約
第6回日本政府報告書審査の記録

危機に立つ日本の人権

日本弁護士連合会 [編]

現代人文社

まえがき

　世界の憲法とも言われる国際人権規約が起草されたのは1966年、それから既に50年の歳月が経過しました。2014年7月15日、16日ジュネーブの国連欧州本部で国際人権（自由権）規約に基づく第6回日本政府報告書審査が行われました。

　日弁連は、この規約に基づく日本政府に対する審査の手続に1993年の第3回審査から参加してきました。1998年、2008年に続いて今回は4回目の参加でした。

　本書は、2014年7月23日に採択された国際人権（自由権）規約委員会の総括所見だけでなく、この審査のすべてのやり取りを英文から翻訳して採録し、日弁連の活動の概要をまとめ、今後の活動の方向性を明らかにしたものです。

　今回の審査は、ヘイトスピーチや秘密保護法、原発事故による被害者の問題などの新たな問題が取り上げられ、死刑制度や代用監獄、慰安婦問題、技能実習生制度など長く取り上げられてきた問題についても、社会的な関心が高まり、報道にも大きく取り上げられました。

　2014年3月27日、静岡地裁は袴田巖氏の再審開始を決定し、45年以上拘禁されていた袴田氏を死刑囚監房から釈放しました。今回の委員会の審査の大きな特徴は、この袴田事件を題材にえん罪を引き起こしてきた刑事司法の要として代用監獄制度と取調べの問題が、また死刑制度の廃止と改善、死刑確定者の処遇などが大きなメインイシューとなったところにあります。

　本書には、審査と日弁連の活動記録だけでなく、秘密保護法とヘイトスピーチに関する国際人権法研究者の論考なども収録しました。

　この総括所見は、日本の人権状況について極めて重要な指摘をたくさん含んでいます。日弁連にもこの勧告内容を実現する重い責任があると考えています。一人でも多くの方々が、本書を手に取り、今後の参考にしていただければ幸いです。

2016年5月
日本弁護士連合会

国際人権（自由権）規約第6回日本政府報告書審査の記録
——危機に立つ日本の人権

目次

まえがき〔日本弁護士連合会〕 2

第1部　第6回日本政府報告書審査をめぐる日弁連の活動

第6回日本政府報告書審査をめぐる日弁連の活動〔田島義久＝大谷智恵〕 8
国際人権（自由権）規約委員会の総括所見に対する会長声明 13

第2部　第6回日本政府報告書審査の全記録

審査における各委員からの質問 16
国際人権（自由権）規約第6回日本政府報告書審査の全記録 22
　審査第1日　第1セッション 22
　審査第2日　第2セッション 54
　審査第2日　第3セッション 106
日本の第6回定期報告についての質問事項（リスト・オブ・イシューズ） 116
国際人権（自由権）規約：第6回日本定期報告書審査にかかる総括所見 134

第3部　総括所見の意義と今後の課題

座談会：総括所見の意義と今後の課題 162
第6回審査の意義と今後の活動のために〔海渡雄一〕 190

第4部　国際人権法からみた、新たな論点についての考察

差別禁止法制定・国内人権機関設置とヘイトスピーチの規制──国際人権法の要請〔申惠丰〕　198
第6回自由権規約委員会日本報告書審査における秘密保護法と「情報にアクセスする権利」(自由権規約19条)の問題〔藤田早苗〕　213

【コラム】

ジュネーブこぼれ話①　「ＢＯＸ袴田事件　命とは」上映会〔石田真美〕　20
ジュネーブこぼれ話②　NGOブリーフィング〔山下優子〕　41
ジュネーブこぼれ話③　委員への情報提供〔山下優子〕　53
ジュネーブこぼれ話④　なぜジュネーブに国連欧州本部があるのか〔大谷智恵〕　133
ジュネーブこぼれ話⑤　リスト・オブ・イシューズ策定のためのNGOブリーフィングに参加して〔宮家俊治〕　160
ジュネーブこぼれ話⑥　ジュネーブでの美味しいものは〔田島義久〕　195
ジュネーブこぼれ話⑦　ロドリー議長のいらだち〔小池振一郎〕　212
ジュネーブこぼれ話⑧　袴田事件をアピール〔三上孝孜〕　222

＊本書では、「市民的及び政治的権利に関する国際規約」を「国際人権(自由権)規約」または「自由権規約」と表記する。

第1部
第6回日本政府報告書審査をめぐる日弁連の活動

第6回日本政府報告書審査をめぐる日弁連の活動

田島義久・大谷智恵

1 はじめに

　自由権規約40条は、締約国が自由権規約委員会に対し定期的に、自由権規約の実施状況についての報告書を提出することを求めている。

　日弁連は、第3回（1993年）、第4回（1998年）、第5回（2008年）の委員会による日本政府報告書審査に対し、オルタナティブ・レポートを提出し、その時々の日本の人権状況について意見を述べ、より良き勧告が出されるようロビー活動を行ってきた。

　委員会が定めた第6回日本政府報告書の提出期限は2011年10月29日であったが、日本政府は、2012年4月にこれを提出した。委員会の定めた提出期限を6カ月経過しての提出となった。

　日本政府から報告書が提出されたことにより、日弁連を含む各NGOはオルタナティブ・レポートを提出し、委員会はこれらNGOからの情報をも検討したうえで、審査に当たって取り上げるべき問題点を特定して日本政府に更なる情報の提供と意見を求めるための質問リスト（リスト・オブ・イシューズ）を作成し、これを日本政府に送付した。日弁連は、これに先立ち、リスト・オブ・イシューズに取り上げられる内容が総括所見の勧告に大きな意味を持つことから、これに取り上げられるべき各課題を明らかにした書面を作成し提出するとともに、リスト・オブ・イシューズの審議が行われる会期に3名の日弁連代表団をジュネーブに派遣しロビー活動を行った。

　委員会は、リスト・オブ・イシューズを作成し、これを日本政府に送付したが、これを踏まえ、日弁連は総括所見における適切な勧告を求めるレポートを委員会に提出した。

　これらの経過を経て、第6回日本政府報告書審査は、2014年7月15日、16日、ジュネーブにある国連欧州本部において行われ、日弁連はこれに合わせて10名の代表団をジュネーブに派遣し、現地でロビー活動を行った。

　政府報告書の審査においては、自由権規約委員会の委員と締約国の政府代表団との間で質疑応答がなされ、審査の後、締約国の自由権規約の実施状況に関する懸念事項や勧告などを含む総括所見が採択された。

2 ジュネーブでの活動概要

(1) 映画上映会
　7月11日、死刑問題や代用監獄制度問題などについて関心をもってもらうため、袴田事件を題材にした映画「BOX 袴田事件　命とは」(英語字幕版)の上映会をジュネーブ・プレスクラブにて開催した。自由権規約委員会の各委員に参加をお願いしたが、金曜日の夜ということもあり、残念ながら委員の参加はなかった。しかし、複数の地元メディアなどの参加があり、また委員に対する上映会への参加の呼びかけなどを通じて、一定の宣伝効果はあったと評価できる。

(2) グルジア政府報告書審査の傍聴、ロビー活動等
　7月11日には、グルジア政府の報告書審査が行われていたため傍聴をした。グルジア政府代表団長は大臣だったようであり、質疑応答も（日本の審査とは異なり）非常に建設的に行われているようであった。グルジア政府の報告書審査の前後を利用し、各委員に話しかけ、ロビー活動を行った。
　12日、13日には、14日以降のNGOブリーフィングの準備などを行った。

(3) NGOブリーフィング
　7月14日に30分、15日の審査前に1時間程度、自由権規約委員会の委員とNGOとの意見交換会（NGOブリーフィング）が行われた。各NGOが日本の人権状況を数分ずつ報告し、委員から質問を受けた。14日のNGOブリーフィングでは、委員から死刑が規定された条文のリストの提出の要請や、秘密保護法に関する質問などがあり、各NGOで分担して翌日のNGOブリーフィングまでに回答を作成した。15日のNGOブリーフィングでは、取調べの可視化、代用監獄、婚外子などの問題について質問があり、回答を行った。

(4) 在ジュネーブ政府代表部訪問
　日弁連は、第5回審査の際も在ジュネーブ日本代表部を訪問したが、今回も代表部を訪問した。その目的は、日弁連としての現地での活動の概要を説明し、理解を得るためである。今回は、政府代表団の到着が審査の直前になり、審査前には時間がとれないということであったので、代表部に常駐している公使と面談し、日弁連の活動の概要を説明した。

3 政府報告書審査の概要

　15日の審査では、日本政府代表団よりリスト・オブ・イシューズの回答のサマリーが行われた。日本政府は事前に書面で回答していたが、委員会の事務局のトラブルにより、英語以外の言語への翻訳が間に合わなかったことから急遽行われた。そのため、当初の予定時間では審査が終了せず、16日の審査を30分延長することとなった。2日間の審査では、複数の委員より質問が一通り行われ、それに対して日本政府代表団がまとめて回答をし、さらに委員が追加の質問をして、回答するという流れであった。

　委員から質問のあった事項は、概ね次のとおりである。自由権規約の国内法的効力や直接適用の問題、個人通報制度を定める第一選択議定書の批准、国内人権機関設立、包括的な差別禁止法制定、DV・性犯罪被害者の保護、代用監獄、取調べ（録音、録画、弁護士立会）、再婚禁止期間、男女の婚姻最低年齢の不一致、精神障害者の強制入院、死刑、職場や公的分野における男女格差、雇用市場におけるマイノリティの地位、ヘイトスピーチへの規制、LGBT、国民年金の国籍要件によって影響を受けた外国人に対する経過措置、イスラム教徒の監視及び情報問題、強制改宗、公共の福祉による制限、特定秘密保護法、少数民族（アイヌ、琉球）の権利、強制退去、慰安婦、婚外子の戸籍等の表記の問題、人身取引、技能実習生制度、自由権規約に関する研修、セクシュアルハラスメント、性交同意最低年齢引き上げ、体罰、福島原子力災害、朝鮮学校の授業料の問題。

　リスト・オブ・イシューズに取り上げられた国歌起立斉唱問題については、委員から質問がなされず、総括所見には個別の問題としては取り上げられなかった。他方、特定秘密保護法や福島原発問題については、リスト・オブ・イシューズにはなかったものの、質問がなされ、総括所見にも取り上げられている。

　日本政府代表団の回答は、概ね事前に提出されている報告書の記載と同内容であり、委員からの質問に正面から答えるものではなかったとの印象である。過去の審査で何度も勧告されているにもかかわらず情況が変わらず、また日本政府代表団の回答が同じことの繰り返しであることに、委員はフラストレーションを感じている様子であった。最も印象的であったのは、審査の最後の議長による次のようなまとめの言葉である。「委員会が懸念を表明し、勧告をしても、それが考慮されない。行動もとらないことで、繰り返し同じことが行われている」、「人権の尊重が、資源次第で如何様にも取り扱われて

いる。日本のような先進国でそうであることは不思議だ。代用監獄は、暫定的なものであるという意味で、1908年にできたと理解している。日本政府は資源が不足している、家族や弁護士に利便性が高いと説明するが、日本政府がこういうことを繰り返すのは無意味である。代用監獄制度が維持されるのは、起訴側が自白を求めたいという理由で維持されているのではないかと思う」、「代表団としては、委員会が総括所見を以前よりも強い形で出しても驚かれることはないだろう。継続して委員会や国際コミュニティが問題を提起しているにもかかわらず、日本政府が抵抗していることは受け入れられない」。

このように日本政府が委員会の勧告によっても人権状況を改善せず、同じことを繰り返していることに強い懸念が示されるとともに、経済的なことや利便性を理由に人権の尊重が守られていないことが指摘され、日本政府の言い訳がいかに国際的に受け入れられていないのかを明らかにしている。

前述したように、グルジアの代表団の責任者は大臣であり、委員との対話も建設的に行われているように感じられたが、日本政府の対応とは際だった違いがあるとの印象であった。日本政府の代表団は縦割りの省庁の担当者が課題毎に質問に答えるといったスタイルであり、その内容も報告書の内容と何ら異なる内容ではなく、建設的な対話がなされているとは言えないものであった。報告書に書かれた内容を繰り返すだけの政府の対応に委員からはフラストレーションが溜まると表現されたのも肯けるものである。

4 総括所見

7月23日、第6回政府報告書審査を踏まえた総括所見が採択された。その全内容については全文を本書で記載しているので参照願いたいが、概要は以下のとおりである。

個別的人権課題については、19項目について、評価や勧告が行われた。審査の際に委員より質問があった項目であった。第5回の総括所見にはなく、今回新たに取り上げられた項目は、特定秘密保護法、ヘイトスピーチ、福島原子力災害である。

日本における人権状況を改善するための制度的な措置については、個人通報制度を規定する選択議定書の批准が勧告された。また、人権委員会法案が2012年11月に廃案となって以来、国内人権機関を設立するために何ら進展を見せていないことに遺憾の意が表明され、自由権規約委員会は、「国家

機関（国内人権機関）の地位に関する原則」（パリ原則）に沿って、人権に関する幅広い権限をもち、政府から独立した国内人権機関を設立することを勧告した。さらに、委員会は、批准された条約が国内法としての効力を有しているにもかかわらず、裁判所で適用されるケースが限られていることに懸念を示し、規約の適用と解釈について弁護士、裁判官及び検察官に対する専門的訓練を求めた。

　委員会は、勧告した事項の中で、死刑制度、代用監獄、慰安婦、技能実習生制度の4項目をフォローアップの対象とし、1年以内に政府の報告を求めた。次回の政府報告書の提出期限は2018年7月31日と定められた。

　　　　　　　　　　　　　　　　　（たじま・よしひさ＝おおたに・ちえ）

国際人権(自由権)規約委員会の総括所見に対する会長声明

　国際人権(自由権)規約委員会(以下「委員会」という。)は、2014年7月24日、市民的及び政治的権利に関する国際規約(以下「自由権規約」という。)の実施状況に関する第6回日本政府報告書に対して、同年7月15日、16日に行われた審査を踏まえ、総括所見を発表した。

　委員会は前回の審査から今回の審査までの6年間に、人身取引防止の行動計画(2009年)、男女共同参画基本計画(2010年)、公営住宅法の改正(2010年)、婚外子差別規定を改めた国籍法の改正と民法の改正(2008年、2013年)、強制失踪条約の批准(2009年)と障がい者の権利条約の批准(2014年)が実施されたことについては、前向きの要素として評価している。

　個別的人権課題については19項目について、評価・勧告を行った。

　特に刑事司法分野については、袴田事件に言及して、死刑の廃止について十分に考慮することや執行の事前告知や死刑確定者への処遇等をはじめとする制度の改善等を勧告したほか(13項)、代用監獄の廃止、起訴前の保釈、取調べへの弁護人の立会い、取調べ期間の制限と全過程の録画等を勧告した(18項)。

　ジェンダーについて、待婚期間等の差別的条項の修正を継続して拒絶していることなどジェンダーに基づく差別の解消が進まないことに懸念を表明し、民法の改正、政治的分野への女性参画、男女の雇用形態及び賃金水準の格差の軽減、ジェンダーに基づく暴力等への適切な対応、性的指向及びジェンダーアイデンティティに基づく差別禁止法の立法等を求めた(8～11項)。

　このほか、いわゆる従軍慰安婦に対する立法的行政的な措置(14項)、外国人技能実習制度の見直し(16項)、難民・移民の送還手続中の非人道的な取扱いの禁止(19項)等を勧告し、精神病院への非自発的入院(17項)、ムスリム問題について警察職員による広範な監視活動(20項)、子どもに対する体罰(25項)や先住民(26項)の問題点等を指摘した。

　他方、新たに秘密保護法(23項)、ヘイトスピーチ(12項)、福島原子力災害(24項)について取り上げた。秘密保護法については、秘密指定を厳しく限定すること、ジャーナリストや市民活動家が公益に関する情報を公表したことで処罰されないことを保証すべきであるとの勧告がなされた。ヘイトスピーチについては、レイシズムに対する啓発キャンペーンだけでなく、

適切な制裁をもって処罰されるようにするために、すべての必要な措置もとるべきであるとした。福島原子力災害については、被害者に対する避難の指定の解除は住民に危険がない場合に限ること、適切な情報が公開されるべきことなどが勧告された。

　日本の人権状況を改善するための制度的な措置について、個人通報制度を定める選択議定書の批准（6項）、政府から独立した国内人権救済機関の設置（7項）を勧告した。国内人権機関については、人権委員会法案の2012年11月の廃案以来、何らの進展を見せていないのは遺憾であると最大級の失望感を表明している。また委員会は、批准された条約が国内法的効果を持っているにもかかわらず、条約の下で守られるべき権利が裁判所では極めて限定されたケースでしか適用されていないと指摘し、裁判官・検察官・弁護士に対する条約の適用と解釈についての国際人権法教育を求めた（6項）。

　委員会は、勧告した事項の中で、死刑制度、代用監獄、慰安婦、技能実習生の4項目をフォローアップの対象とし、1年以内に政府の報告を求めている。

　当連合会は、日本政府が、委員会の勧告について誠意をもって受けとめ、その解決に向けて努力することを強く求めるとともに、その実現のために全力で努力していく所存である。

　　　　　　　　　　　　　　　　　　　2014年（平成26年）8月1日
　　　　　　　　　　　　　　　　　　　日本弁護士連合会
　　　　　　　　　　　　　　　　　　　　会長　村越　進

第2部
第6回日本政府報告書審査の全記録

審査における各委員からの質問

【審査第1日】2014年7月15日

- コーネリス・フリンターマン〔ラポルトゥール〕
  (Mr. Cornelis Flinterman〔Country Rapporteur〕)
  ①規約の国内法上の地位と適用可能性について。規約違反が最高裁判所の審査を受けることができるかどうか。〔本書24頁〕
  ②裁判官、検察官、警察官に対し規約の適用可能性に関する教育はなされているか否か。委員会の一般的意見は翻訳されて資料として提供されているか否か。〔本書24頁〕
  ③国内で委員会が個人通報を処理する適格を有するか否か検討した結果について。第1選択議定書を批准することを阻害する要因。〔本書24頁〕
  ④国内人権機関の設立を妨げる原因について。現行の人権救済の申し立てを審査する方法について。〔本書26頁〕

- ゾンケ・ザネレ・マジョディナ
  (Ms. Zonke Zanele Majodina)
  ①不合理な差別の意味について。規約26条に沿ってあらゆる種類の差別を禁止する一般法を制定する用意があるか否かについて。公的または私的な場面における直接的または間接的な差別を監視する機関を創設する準備は取られているか否か。〔本書27頁〕
  ②同性婚及び事実婚における家庭内暴力の被害者を保護する手法に保護命令は含まれているか否か。家庭内暴力の外国籍の被害者に居住許可が与えられているか否か。保護命令に違反した場合の量刑について。〔本書28頁〕
  ③強姦罪の構成要件を見直す措置は講じられているか否か。〔本書29頁〕
  ④規約に違反する代用監獄を廃止する動向の有無について。過去5年間で代用監獄で自白が強制された例を指摘するNGOレポートの真偽について。代用監獄における長期の身体拘束下の取調べと虚偽自白の関連性について。〔本書29頁〕
  ⑤袴田事件の教訓は代用監獄廃止の動機付けになり得るか否か。〔本書30頁〕

・ジェラルド・ニューマン
  (Mr. Gerald L. Neuman)
  ①待婚期間の短縮や婚姻年齢の男女差解消の問題は婚姻と家族の基盤それ自体を変容させる危険性があるという議論について。〔本書31頁〕
  ②精神医療施設に強制収容されている者の救済申立てを審査する機関について。〔本書31頁〕
  ③袴田事件と関係して、規約6条4項に規定された確定死刑囚の減刑を嘆願する権利は国内法で認められているか否か。〔本書33頁〕
  ④爆発物の使用及び現住建造物の放火は法定刑に死刑を定める19の犯罪の一部であるというNGO報告の真偽について。〔本書34頁〕
  ⑤裁判員裁判で死刑を宣告可能なことと死刑判決の義務的な控訴手続きの創設について。〔本書34頁〕
  ⑥確定死刑囚の弁護人との接見に秘密性がないことについて。〔本書34頁〕
  ⑦死刑制度をめぐる法務省の調査について。〔本書35頁〕

・ユヴァル・シャニー
  (Mr. Yuval Shany)
  ①女性の社会進出及び政治進出を促進させるためこれまでより強力な方策を採用する用意があるかどうか。女性の就職、男女間の賃金格差の是正、女性管理職の割合の増加について第3次男女平等化計画の欠点を検証する用意があるか否か。〔本書35頁〕
  ②妊娠を原因とする解雇に遭遇した労働者に対する相談について。不当解雇について裁判所まで持ち込まれて審理されたのが19件に過ぎなかった理由について。職場でのハラスメントはセクシュアルハラスメントも含め明確に犯罪と定められていない理由について。〔本書36頁〕
  ③マイノリティに属する女性の労働環境について。このような者の労働条件を改善する方策を採る用意があるか否かについて。〔本書36頁〕
  ④民族差別を助長し伝播させることそれ自体は犯罪とはならないことについて。この法制を変更する用意があるか否か。〔本書37頁〕
  ⑤取調べを録画するか否か決定する基準について。決定の適合性を監督する方法について。〔本書38頁〕
  ⑥刑事裁判の99パーセントが有罪となる現行の制度は検察官に偏り過ぎているのではないか。〔本書39頁〕

⑦拷問禁止委員会から下された被拘留者からの拷問の苦情を審査する機関の独立性を高める旨の勧告を履行する手段がとられているか否か。〔本書40頁〕

・アンヤ・ザイバート・フォー
(Ms. Anja Seibert-Fohr)
①性同一性障害における「障害」という用語は該当者に不名誉な烙印を押すことになることへの懸念。〔本書40頁〕
②トランスジェンダーへの差別それ自体は法により制裁を加えうるか否か。同性愛、両性愛、トランスジェンダーに対する苛め嫌がらせと対決する方策を採っているか否か。〔本書40頁〕
③地方公共団体が同性愛夫婦に住宅を貸与することを拒絶出来るか否か。〔本書42頁〕
④年金適格と国籍要件について。〔本書42頁〕

・アンドレイ・ペイル・ズラテスク
(Mr. Andrei Pail Zlătescu)
①精神障害者の収容施設における人権侵害を抑制する方策、調査と損害賠償について。インフォームド・コンセントと医療従事者への教育について。〔本書43頁〕

・ラザーリ・ブジッド
(Mr. Lazahri Bouzid)
①ムスリムに対する特別監視の現状について。情報を収集された者への補償について。〔本書44頁〕

【審査第2日】2014年7月16日

・アンヤ・ザイバート・フォー
(Ms. Anja Seibert-Fohr)
①特定の宗教集団に入信した信者の家族による改宗のための誘拐と逮捕監禁について。〔本書71頁〕
②一般的意見34と表現の自由と関連して、特定秘密法の適用範囲の曖昧

性について。特定秘密と指定し得る定義の不存在について。報道機関に対する萎縮効果について。〔本書 72 頁〕
③前回の総括所見及び一般的意見 23 にある少数民族の権利について。〔本書 74 頁〕

・ジェラルド・ニューマン
(Mr. Gerald L. Neuman)
①ノン・ルフールマン原則と難民申請手続きについて。独立した異議申立手続きが存在しないことについて。審査中の強制送還を抑止する方策について。2010 年発生したガーナ人男性の送還中の死亡事件の教訓について。〔本書 75 頁〕
②難民申請者を収容する基準について。代替手段の採用可能性について。子供までも収容する根拠について。〔本書 77 頁〕

・ゾンケ・ザネレ・マジョディナ
(Ms. Zonke Zanele Majodina)
①慰安婦問題について。〔本書 78 頁〕
②非嫡出子の出生届と戸籍を改善することの障害について。〔本書 80 頁〕

・コーネリス・フリンターマン
(Mr. Cornelis Flinterman)
①最高裁判所は規約 26 条は明確に直接適用される旨言及するに過ぎないが、規約の他の規定も直接適用可能と理解していいのか否か。〔本書 81 頁〕
②選択議定書を批准するか否か判断するまでに要する期間について。国内人権機関を設立するための障害について。〔本書 81 頁〕
③人身取引防止のための議定書の批准について。〔本書 82 頁〕
④移住労働者の人権侵害と技能実習生制度について。〔本書 83 頁〕
⑤政府による委員会の 2008 年の総括所見を普及させるための活動について。同総括所見は日本語に翻訳されか否かについて。〔本書 84 頁〕

・ユヴァル・シャニー
(Mr. Yuval Shany)
①セクシュアルハラスメント対策のための法律制定に消極的な理由につ

いて。〔本書 85 頁〕
②差別や敵意を称揚助長するヘイトスピーチを民事法ではなく刑事法で規制するといった強力な手段を講じる余地があるか否かについて。〔本書 86 頁〕
③取調べへの弁護人の立会いについて。〔本書 87 頁〕
④学校内の体罰規制について。〔本書 88 頁〕

・ヴィクトル・マヌエル・ロドリゲス・レスキア
 (Mr. Victor Manuel Rodriguez-Rescia)
①19 の犯罪類型が死刑を法定刑としている基準の合理性について。〔本書 89 頁〕
②公共の政策を決定する際に公衆の情緒を考慮する合理性について。〔本書 89 頁〕
③死刑執行の事前告知が死刑囚の心の安定を破壊するという議論の合理性について。〔本書 90 頁〕

・ヴァルター・ケーリン
 (Mr. Walter Kälin)
①福島災害とガン罹患について。指定避難地域の解除と被害補償について。規約の情報を受領する権利に沿って汚染情報は開示されているか否かについて。〔本書 90 頁〕

・ナイジェル・ロドリー〔議長〕
 (Sir Nigel Rodley, Chairperson)
①電話接見は禁止されていることと代用監獄における現実的な弁護権の保障について。〔本書 91 頁〕
②取調べの弁護人立会いについて。〔本書 91 頁〕

■コラム■ジュネーブこぼれ話① 「BOX 袴田事件 命とは」上映会

　2014 年 3 月 27 日に再審開始決定を受け、翌 28 日に釈放された袴田巖氏の事件を題材にした「BOX 袴田事件 命とは」の上映会を、2014 年 7 月 11 日金曜日午後 6 時から現地のジュネーブ・プレスクラブにて行いました。上映会の

目的は、日本の代用監獄・死刑問題について委員に再認識してもらい、翌週の審査でこれらの点について政府代表者に質問をしてもらい、最終的には勧告に盛り込んでもらうことでした。上映会を金曜日の夜に行うと決定した際、正直漠然とした不安を覚えました。

　7月11日朝、パレ・ウィルソンの入り口でパスをもらい建物の中に入り、昼休み、審査の合間のブレイクに積極的に委員に声をかけ、「BOX 袴田事件　命とは」上映会案内ビラを渡し、趣旨説明及び上映会に来てもらえるよう説得（攻勢）をかけました。二つ返事で「来ます」と言ってくれた委員はいませんでしたが、18人の委員に対し、日弁連から派遣された委員7、8人で、手分けして何度も声をかけました。「考えておくわ」とか曖昧な返答をした委員の情報を皆で共有し、「予定があって無理」と返答された委員にも入れ替わり立ち替わり何回も声をかけました。ビラを手に委員に近づくと「もうもらったわよ」と最後には言われる始末でした。

　一通り委員に声をかけ終わり、午後3時頃にはパレ・ウィルソンを離れ上映会会場へ行き、会場責任者と上映準備及び打ち合わせを行いました。

　会場準備が一通り終わった後、私は海渡座長からパレ・ウィルソンへ戻り委員を上映会会場へお連れする（連行する）役目を仰せつかりました。小川弁護士と二人、午後5時半頃パレ・ウィルソンに戻り、審査を行っている部屋の扉の前で待機し、「考えておく」「時間があれば」と言った委員に声をかける機会を待ちました。審査が終わり扉を開けて出てきた委員が、私たちの姿を認め半ば呆れた顔をしました。こちらが声をかける前に「時間がないわ」と言って走り去った委員や、「考えとくわ」と言った委員も、こちらが声をかけた途端「肩が痛くてマッサージに行かなければ」と足早に走り去って行きました。審査会場へ入り議長に声をかけると、うんざりした顔を向けられたりと、「金曜日・夜・夏」にイベント開催を決めたことを恨めしく思いました。

　結局委員を誰も会場へ連れて戻ることができず、会場へ戻る道のりが長かったこと……。足取り重く辿り着いた会場が、日本人だけでなく現地の人もたくさん来て頂いており、盛況だったのが救いでした。また、翌週の審査において、複数の委員が「袴田事件」に言及して質問をしてくれたことから、イベントのビラ配りは無駄ではなかったとの思いを強くしました。

　国連での審査に併せてジュネーブにおいてサイドイベントを企画される際には、金曜日の夜は避けた方がいいということを老婆心ながら申し添えます。

【石田真美】

国際人権（自由権）規約
第6回日本政府報告書審査の全記録

翻訳編集担当：五十嵐二葉・日本弁護士連合会国際人権（自由権）規約問題ワーキンググループ委員、新倉修・同委員、大谷智恵・同事務局委員、石田真美・同事務局委員、山下優子・同事務局次長、海渡雄一・同座長

審査第1日　第1セッション

日時　2014年7月15日　午後3時から6時まで
場所　ジュネーブ国連欧州本部　パレデナシオン

　　冒頭に日本政府のリスト・オブ・イシューズに対する回答が日本政府代表によって読み上げられた。これは、外務省のHPにおいて、確認可能であるから、省略する。

議長（ロドリー）：
　ありがとうございました。申し上げたいのは、誰のせいでもないのですが、通常よりもプレゼンは、岡田さんが私どもにこの程度と申し出ておられたのより3倍ぐらいになって、彼は20分ほどとされていたのですけれども、1時間近くなってしまいました。これは責める意味ではないのですが、私どものせいでも人権高等弁務官のせいでも、代表団のせいでもないのですが時間超過になってしまいました。
　そこで埋め合わせなければならないということで、少しルールを変えたいと思います。
　同僚委員からのご質問の後、通常、15分とか20分の休憩を取るのですが、休息を取らずにお答えをいただくことにご協力いただきたいと思います。他の条約機関はそういう休憩を取っていないと思いますが、私どもは通常そうしてきたのです。先週の代表団は、自ら休息なしでやるとされました。ですから少なくともあなた方のご同意が得られれば、休憩をなしにしたいと思います。よろしいでしょうか。
　これは決定ということではなく、私どもの提案です。日本の代表団に考え

ていただけたらと思います。質問の後で、代表団の方からすぐにお答えをいただくことになるので、同僚委員の質問を聞きながら考えることになります。残念ながらこういう状況になりましたので、日本代表団に聞き入れていていただきたいと思います。

　一方、同僚委員の方々も、ぜひこの状況を認識していただいて、できるだけ簡潔に質問していただき、説明的になったり立証のための材料を引き合いに出すことは、代表団が質問されていることを理解するために、明らかに必要なときだけにしてほしいと思います。

　ではそういうことで、フリンターマンさんからお願いします。

フリンターマン：

　議長ありがとうございます。ともに、あたたかく、日本のそうそうたる代表団を歓迎申し上げたいと思います。

　また、感謝を申し上げたいと思います。リスト・オブ・イシューズへの回答の報告、そして日本政府から会期までの間に追加情報もいただきました。これらは、人権高等弁務官のオフィスのWebサイトにも登載されました。

　また複数のアクティヴな日本の市民社会の組織から、重要な参加と情報をいただいたことにも感謝します。

　議長、私は、我々の法的な委員会が、国連の心である政治的人権を構築する会議をここ、この部屋で行うのは、非常に意義のあることであると思います。人権理事会の会議が行われるこの部屋だからです。

　今年は日本が市民的及び政治的権利に関する国際規約を批准してから正確に35年です。我々もともに祝うべきです。そして日本は我が委員会の前に、6回出頭しているのであり、それは日本が、規約の下での自らの人権政策、人権立法について、自ら説明責任を負ったということであり、その枠組みの中で我が委員会とほぼ持続的に建設的な対話を持つことで、他の規約締約国等に対しての模範例になっていると思います。議長、日本に関しては、自由権規約の下での多くの問題点に焦点が当たり、また義務が果たされてきたことは疑いないことです。しかし同時に、過去35年間の総括所見の分析は、具体的な進展が見られないために、繰り返されてきた多くの懸念があることを示しています。今日、私があげるイシューは1、2、3の各イシューで、こうした特定のカテゴリーに入るものです。

規約の効力と規約に関する研修

　問1から始めさせていただきます。規約の規定、特にその条文の直接適用の問題です。議長、できるだけ簡潔にといわれるあなたのご注文に留意して、考えていることを直截的に質問させていただきます。
　私は、規約の条項と、日本の国内法の秩序との間にいくつかの矛盾があると思うのです。ですから、日本の代表団には、当委員会に対して、規約の位置づけを可能な限りもっとも明確に示していただくことを求めるのです。まず、最初に、自由権規約のどの条項が、貴締約国によって、自動執行力があると考えられているのか、を明らかにすることによってです。私の印象では、僅かに26条、19条、そして25条くらいまでは、自動執行力があると認識されているように見えるのですが。私の質問は、他のどんな条項が直接執行可能なのかです。
　次に、代表団、それ以外の規約の条項で、自動執行力があるとは考えてはいないが、また規約上明確に締約国の義務ではないと考えるが、国内法に取り入れ、あるいは国内法化している具体的な例を幾つかあげていただくことができますか？
　第3に、規約の条項と貴憲法の人権についての規定との関係は正確なところいかなるものなのか？
　第4に、規約の条項に対する違反を理由として最高裁に上訴できるか？
　第5に、裁判官、検察官、法執行職員に向けて全体的に、規約の重要部分について、また直接適用を推進する、何らかのトレーニングのプログラムが設置されているか？
　第6に、議長、わが規約の条項等は50年代、60年代に定められ、その後ほぼ50年の間、わが委員会によって解釈、適用されてきました。それらの解釈は、この規約が採択された1966年当時の解釈、適用を意味しているのではありません。ですから私の質問は、委員会がその権限においてしてきた、宣言つまり一般的意見の中でした締約国の規約上の義務についての解釈が、日本語に訳されているか、先述の（裁判官等のトレーニングの）プログラムの構成要素、一部として取り入れられているかどうかなのです。

個人通報制度

　議長、私は代表団に提案したいのです。締約国の規約上の義務履行をもっ

と見えやすくする重要な一つの方法、個人が国家に対して自らの規約上の権利を求めるために選択議定書が定めている個人通報によるアクセスをするという方法を支持することです。なぜなら世界中の経験に依れば、個人が、もちろん国内での救済措置を使い尽くした後でのことですが、自由権規約委員会に不服申立をすることができると認識していることは、たとえ強制的ではないとしても、国内の裁判所に規約上の権利に対して、もっと注意を払わせることになるからです。

個人通報制度についての政府の立場

　そして議長、3番のイシューによって私にもたらされる疑問なのですが、日本の選択議定書に参加する可能性に対する、現在の立ち位置なのです。再度申しますが、これは決して新しいイシューではないのです。日本が最初に当委員会の前に現れてから、度重ねて取り上げられているのです。われわれに与えられた各回答には、あまりにも進展が見られていないからです。さまざまなイシューから、議長、ここには、選択議定書の加盟について、日本の司法制度、あるいは立法政策の関係で、何か問題があるのかを含めてよく検討してみなければならない問題があることを、私は読み取るのです。それは同時に、日本が選択議定書を受け入れる結果に向けての手続きを実行するために要求される可能な組織的枠組みは何なのかを、さらに調査しなければならないことでもあります。

　報告書のパラグラフ49の中で、日本政府は、選択議定書の受け入れについて内部的な学習をしたと、われわれは報告されているのですが、私はすでにした質問、しかし回答を受けていない質問を繰り返したいのです。その学習の成果は何かを正確に。でなければ、その学習はまだ係属中なのか。そしてもしそうなら、私は日本代表団の団長に、選択議定書批准についてどんな障害があるのか、われわれと一緒に共有することを申し入れたいのです。

　選択議定書を受け入れ、あるいは批准したほぼ120の国から、日本は何を学習されたのか。

　そしてこれが最も重要な質問かもしれないのですが、この課題について、決定することに何らかの時間的な枠を設けているのですか？

　率直に言わせてください。それらの国々、内部の司法制度の中に市民が自由権規約委員に不服申し立ての通報をする機会を与えている他の全ての締約国に、日本が仲間入りをする日が近いことを、委員会は望んでいるのです。

国内人権機関の設置

そして、私が申し上げる最後のイシューです。2番のイシュー、国内人権機関設置についてです、議長。また繰り返しますが、これも1992年から1993年以来、非常に価値ある人権原則（※国内人権機関の地位に関するパリ原則のこと：編者注）の採択以来、そして日本も非常に重要な形態で参加したウィーンの世界人権会議が開催されて以来、日本の代表団としばしば議論してきたことです。

国内人権救済機関を設置することを日本に勧めるこのイシューは、UPR（普遍的定期的審査）の枠組みにおいても、そして、世界の異なる国々、例えばイギリス、ベナン、ブルキナファソ、フランス、インドネシア、ヨルダン、マレーシア、メキシコなどといった国々からも最大の関心を引いています。それはこの部屋で明らかにされました。そして日本は、それらの勧告に従うと約束しました。

でも、またもや「しかし」です。この期待にも進展は見られていません。われわれが他の情報源から得ている情報は、現在の日本の政権党は、国内人権救済機関の設置に反対していることを示しています。2012年末から数年、人権救済機関の設置にかすかな希望の光が見えました。しかし、人権救済機関の設置法案は、国会解散によって、ほとんど直ちに廃案となったのです。

それから2年後、私の質問は、今人権救済機関の設置の議論はどうなっているのか、です。これは、リスト・オブ・イッシューズへの答えの中にも示されていることから、日本代表団の目から見ても非常に重要なイシューなのですから。

私は代表団に申しあげます。人権救済システムを伸長させるという文脈の上でも、国内人権機関の達成は欠くことのできない、決定的なものです。社会的な法律的な性格を持って人権を確立していく機関が必要だと思います。

国内人権機関設置の達成にどんな障害があるのですか？　法的、社会的性格？

そして最後に議長、国際人権の保障と推進のシステムと国内の人権の保障と推進のシステムとの間の不可欠のリンクとして、国内人権救済機関を設立している世界中のほとんどの国々から、日本はどんな教訓を学んでいるのでしょうか？

これらが、議長、私の第一ラウンドでの質問です。ありがとうございました。

議長：
　フリンターマンさんありがとうございました。次の発言者は、私のリストではマジョディナさんです。

マジョディナ：
　私も、日本からの大変大人数のすばらしい代表団の皆様方を温かく歓迎します。また、われわれのリスト・オブ・イシューズへの答えとして、日本政府とNGOの双方から、非常に包括的な情報を提供されましたことを感謝します。
　私からはこの午後、3つのイシューだけ申し上げたいと思います。イシュー4、7と14です。

差別禁止法

　イシュー4への日本代表団の回答ですが、そのパラグラフ10は直接、間接の差別を禁止する国内法制ですが、日本の憲法の「すべて国民は、法の下に平等であって、人種、信条、性別、社会的身分又は門地により、政治的、経済的又は社会的関係において、差別されない」という条文を引用して「不合理な差別は日本において禁止されている」としています。
　この不合理な差別コンセプトが、非常に問題で、この委員会において、懸念とされてきたのです。
　第5回の報告書への総括所見で、日本は合理的な差別という定義についての質問に答えを求められています。しかし、私が手にしている文書の中にはその答えは見られません。委員会は以前、不合理な差別という概念が漠然としていて、具体的な判断基準が欠けている、「不合理な差別」は規約26条に適合しない懸念があると示しているのです。
　第6回の報告書でもこのイシューに回答を求めたリスト・オブ・イシューズに回答はありませんでした。
　ですから、この午後の対話の目的において、高潔なる代表団には、もしこの不当な差別ということの解釈についてあとほんの少しだけ詳しく述べていただければ幸いです。
　そこで、反差別の一般的、包括的な法を樹立する方向性についてまたもや日本の回答の中に情報がないので、私はこの回答の中の最初の部分についての質問を繰り返さなければなりません。

最初に、日本は、公的なあるいは私的なセクターのどちらであっても、直接的、間接的な差別の行為を禁止するという、規約の26条のようなスタンダードに適合する、つまり、いかなる立場にあるかに関わらずあらゆる人に平等の保護を保障する、そういう反差別の国法を制定するプランはあるのか。

第2に、日本の民衆の中にあるすべてのセクターに対して、直接、間接の差別を防止し、モニターすることを推進するための法的権限を与えられた国の機関を設立するべく、どのようなステップが取られているのか。

ドメスティック・ヴァイオレンス

イシュー7に行きます。日本がドメスティック・ヴァイオレンスと戦うために、様々な努力をされたことを歓迎します。これらの努力が批判されているのは、貴国内で、まだドメスティック・ヴァイオレンスが世間で広く行われているからです。あるNGOから提供された調査、そして男女共同参画局が2012年に伝えるところでは、女性の4人に1人が配偶者による身体的暴力に苦しみ、うち20人に1人は生命の危険を経験する暴力だったとのことです。さらに、あるNGOの調査によると、そして警察庁の殺人の統計によれば、ほぼ3日に1人の女性が、配偶者によって殺されているとのことです。夫婦間のドメスティック・ヴァイオレンスの防止は大分前進しましたが、まだ不足です。

同性間の、あるいはデート中のカップルについて、緊急保護命令の法規定が無いという点でも、暴力から十分守られていないのです。

また、第6回報告書の88ページによれば、保護命令違反で処罰された加害者のうち、刑法の傷害罪で処罰された者はとても少ないとのことです。

女性が救済を求める手続きに有効にアクセスする方法という観点からも大きな進歩は見られません。手近な情報によれば、女性が保護命令を得るまでに、平均2週間以上かかるとのことです。総務省が2009年5月に公表した数字によれば、就職、昇進、居住地、あるいは子どもの学校といった問題で、特にその援助の質としては、これらの被害者保護は十分ではありません。また、中長期的な支援の途は非常に少ないのです。

移民でドメスティック・ヴァイオレンスの被害者は、ある程度までの保護を入国管理局から与えられます。しかし外国人としては、在留資格を取り消されることを恐れて、配偶者による暴力を報告することをためらうのです。

短く申します。議長。この委員会は、2008年のわれわれの総括所見で、

強姦について、刑法177条の定義が限定的であることに、われわれは懸念を表明しました。強姦と他の性犯罪で、被害者の告訴がないと訴追できないこと、そしてその犯人に対して　終身刑がないことに不満があることにも懸念を表明しました。

　この点について、2008年以来何も変わっていません。政府が、2010年に着手した第3次男女共同参加基本計画における刑法見直しにおいてもです。政府報告書のパラグラフ100には、女性ホットラインに、2010年には23,000件の通報があったとありますが、NGOの情報によれば、これはパイロットプロジェクトであり、数か月間しか行われず、続けられていないということです。

　上述のことに照らして、同性、デート中の相手からの暴力に対して得られた保護に関して、彼らがドメスティック・ヴァイオレンス法の保護命令のファイルに載ることができない点とともに、代表団から資料に基づく情報が得られれば、幸いです。関連して、どのくらいの外国人DV被害者が、住所変更を許されたのか、についての情報をいただければありがたいです。

　第3に、2008年の総括所見の勧告を実施するために、強姦罪の構成要件の見直しについて取られている実務的な対応を、代表団、示していただけますか？

　また保護命令違反で逮捕された数、有罪判決を受けた数についても、代表団、お示しいただけますか？

　そして最後に、被害者を再生させるための24時間のカウンセリングサービス、その重荷を減らすためのワンストップセンターの設置についてどんなプランをお持ちですか。

代用監獄

　イシュー14です。他のイシューもですけれど、1988年以来この委員会の懸念が続いている問題です。重ねて申しますが、この委員会が、代替的拘置システム＝ダイヨーカンゴクは廃止されるべきであり、でなければ被疑者の尋問中を含む法律家へのアクセス、逮捕の瞬間からの法的援助などの、規約14条の定める公正手続きを十分完全に保障をすることを初めて勧告したのは2008年の総括所見でした。

　私は締約国報告書に示された回答の詳細をノートしています。とりわけなぜ代用監獄の廃止が正当化できないのかについての論議、刑事施設の限ら

た数、取調べの方法を改善するためにとられた方法、各警察署における尋問と拘禁の部署の分離、がわれわれに与えられました。

であっても、これらの論議は、国際人権法違反のこの制度の存在を続けることを正当化することに失敗しています。23日間を上限として未決拘禁を許す日本の代用監獄の制度は、世界の他のいかなる地域にも類似のものが無い制度なのです。

当委員会だけでなく、他の条約上の委員会、たとえば拷問禁止委員会もまた、このシステムには度々懸念を表明しています。

日本政府が、30年を越える期間の間、予算上無理だという理由で、拘置施設なり刑事施設を用意することは難しい、と判断しているということは、私には了解することが困難です。

われわれは尋ねました。代用監獄が虐待的な方法で使われる、それはこれからも続くのかと。もちろん日本政府の答弁はこの事実を否定し、それは、名誉ある代表団長によって、序論の発言中で繰り返されました。

しかし再度言いますが、複数のNGOからの情報によれば、ここ5年以内にも、多くの事件で、虚偽自白が、警察の留置施設で取られていたということです。こうしたある事件では、遠隔操作されたパソコンから送られたEメールのために脅された被疑者が、その結果誤った訴追をされたとのことです。

私が間違っているといけないから、代表団からのコメントをいただくことを歓迎します。ただ、特にこの事件において、われわれにおなじみの警察による長期間の尋問と代用監獄における拘禁、及び虚偽自白がつくられることとの間に関係があるのかどうか、知ることが出来ればと思います。

同じような事件として、袴田巖氏の事件について、私は今日の午後情報を受けましたけれども、袴田事件の場合には、90日間の勾留の後に自白をしてしまったということです。彼は2014年の3月に、再審手続きで釈放されたのですが、48年もの間刑務所の中にいたのです。袴田氏は90日で自白した、その間代用監獄にいたというんですね？

それでもなお、刑事施設の数が限られている、拘禁のシステムを改良する、それで国際人権法に違反する性格のままの代用監獄の使用を続けることを正当化するというのですね。

最後にです。代用監獄を廃止する政府の計画はあるのですか。

警察拘禁の期間を減らす、そして、尋問を続ける時間を制限する政府の計画はあるのですか？

議長、ありがとうございました。

議長：

　マジョディナさんありがとうございました。次のスピーカー、ニューマンさんです、どうぞ。

ニューマン：

　議長ありがとうございました。私からも日本の代表団を心から歓迎したいと思います。美しい日本には2回行き、大変いい思い出があります。2回目のときには、幸運にも岩沢先生にお目にかかりました。岩沢先生は、自由権規約委員会の貴重なメンバーです。

　それだけにいっそう悲しい思いがするのですが、私が2008年とほとんど同じ質問をこれからすることになります。前回日本にまいりましたときより前に遡って、聞いたことですね。4つの問題について伺います。時間をとりますので、申し訳ございません。4つ問題があります。質問事項5、12、11、13です。

女性に対する法律に基づく差別

　5については、簡単に申し上げることができます。これは、2つのルールにかかわることで、明白な性差別の問題です。委員会は日本に対してこれをなくすよう、繰り返し求めています。結婚年齢ですね。男女の婚姻年齢が違う。もう1つは、女性は前婚から6か月の内には再婚できない。これらのルールを改革することは、「基本的な結婚の制度、家族の制度に影響を及ぼす」と日本は言っています。したがって、何十年もこの問題に対応しておられない。これは明白な差別であるのに意見の違いがあるという理由で正当化されている。残念ですが、日本の説明は理解できません。日本の代表団からもっとちゃんとした説明をいただきたい。

精神病院に対する強制入院

　11の問題は、精神障害のある人々の非自発的な病院の収容（措置入院）です。この問題の資料によれば、自由が過度に剥奪されているという深刻な問題があるように思われます。しかも問題なのは、その原因となっているのが、日本が第一にきわめて多くの私立の精神病院に依存していることにあります。私立病院は、ちゃんとした理由がないのに患者を入院させるという経

済的なインセンティブがあって、必要なものとして正当化しうる最短期間を超えて収容したいという経済的なインセンティブがあります。これは23条における厳密な意味での任意によらない入院をさせられた患者についても、また33条の下において家族の要請によって入院させられた患者についても、その両方に相変わらず問題となっているように思われます。伺いたいのですが、他害といっても単に評判を害するというだけで、任意ではなく入院させられることがあるというのは、本当なのでしょうか。利益相反がある場合に対応するために何かなされているのでしょうか。家族が精神障害を持つ人を抱えておきたくないと思い、でも客観的には自由を奪う必要はまったくないというような場合での利益相反があるときも、そういうことがあるのでしょうか。そして、自発的に入院した患者は、理論的には退院する権利があるわけですが、その権利を行使することができるように確保するため、何がなされているのでしょうか。質問事項に対する回答を見ますと、日本は、病院外でのサービスを受けられる機会を増やしているようです。しかし、何十万人と入院されている患者がいるので、まだ道のりは長いですね。ですから、何千人という患者がまだ入院させられているのは、閉鎖的な環境に置く必要があるからではなく、他に行くところがないからだという訴えがありますが、これについてコメントをしていただきたい。質問事項に対する回答では、数は限られていますが、グループホーム、ケアホームなどが今開発されていることが言及されています。これらのホームはしばしば、同じ私立病院によって運営されていて、居住者の状況は病院と変わらないという申し立てがありますが、いかがでしょうか。

　これに関連して、その中でいろいろな虐待、濫用があるという情報もあります。これらの閉鎖された環境の中で。このような閉鎖的な環境で、患者にはたくさんの虐待が行われているという訴えもされています。環境が閉じられたものだということは、自分の身の回りの面倒も見られない患者については、虐待を受けやすくなるわけで、虐待があってもそれを目撃する外部の証人がいないということになります。障害者の権利条約が批准された結果、政策が変わりつつあり、もろ手を挙げて歓迎するところです。精神的な障害を持つ人たちの誰もが、コミュニティの中で適切なサポートを得ながら生活をするようにできるのは、いつになるのでしょうか。そして、非自発的な入院は最後の手段であって、必要な最短期間についてのみ使えるに過ぎないとされるのは、いつになるのでしょうか。

死刑制度と死刑確定者の処遇

　12、13のほうに話を進めたいと思います。一緒に取り上げたいと思います。この点にご回答いただきまして、日本代表団に御礼を申し上げたいと思います。これには非常にたくさんの小問があります。そのせいで、私の議論はどうもつながりがよくないかもしれませんのでおわびします。回答ではっきりしているのは、日本は死刑を廃止するつもりはなく、自由権規約第2選択議定書に加入するつもりもなく、あるいは死刑のモラトリアムを実施する用意がないということです。選択議定書が選択的なものであることは知っています。それでもなお、私は、日本がこの問題でリーダーシップをとっておられないことは残念に思います。とりわけ、人間の生命に対する尊重の念を示すという点では、第2議定書の25周年にあたるわけですから、日本がこの機会に加入したならば、たいへん価値ある貢献をしたことになったでしょう。また、日本の国民にとってもモラトリアムを受け入れるという負担の少ない手段をとることは、利益となったでしょう。

　12及び13のその他の問題は、委員会が日本に対して以前の政府報告で提起してきたものです。日本は委員会の勧告を受け入れてこなかったので、質問事項を記載したリストはむしろ長めになっています。死刑の執行について種々のデータを求めてきましたが、回答はきわめて不完全なものでした。情報が非常に少ないということは、日本における死刑をめぐって不適切な秘密があるということと符合するように思われます。

　それぞれの執行の理由について質問したら、答えは全体にわたる漠然としたものでした。犯罪を行ったときの犯罪者の年齢について質問したら、年齢の下限と上限という回答をいただきました。死刑事件の上訴について情報を提供するように質問したら、執行が行われた事件についての情報だけが提供されるという状態でした。

　それとの関連で、ほかの委員が言及したばかりですが、袴田さんは、40年以上死刑確定者として収容されてきて、今年の春、再審に向けて裁判所によって釈放されたけれど、いつ死刑になるかわからない状況におかれていたということは、本当ですか。彼が執行されないという最終的な決定を政府はしたことがあったのでしょうか。また、そのような決定をしたことを彼に告げたことがあったのでしょうか。それとも、40年間も、40年以上も、耐え難い状況に彼をおいていたのでしょうか。

　それから恩赦、減刑については、2009年以来ないという回答があります。

実際には1975年以来ないというふうに聞いておりますが、これは正確ですか。そうだとすると、死刑が自由権規約6条4項が要求するように、死刑判決が減刑されることがあるというのは、単なる可能性に過ぎないということなのでしょうか。もし恩赦の請求が出ている際にも執行するという選択権を政府が維持しているとしたら、恩赦を請求する権利は、どうして本当にあるということになるのでしょうか。

回答では、死刑が適用されるのは19の犯罪であって、殺人や他人の生命を著しく危険にさらす故意行為を含むものであって、最も重大な犯罪だと言っています。19の罪については完全なリストはいただいておりませんので、国際的なスタンダードの重大という定義に合っているかどうかわからない。とはいえ、NGOから非公式にリストの提供を受けています。たとえば、爆発物を不法的に使うと、これは死刑に値するのでしょうか。2008年にそういう議論がこの委員会でなされました。そして、人が住んでいる建造物を損害する行為は、刑法119条に違反して死刑が適用されるというのは本当でしょうか。

死刑確定者は長期にわたって独居室に収容されて、外部の人との接触が制限されていると質問事項に対する回答にあります。そして、死刑の執行についても、本人には数時間前にしか告知されず、家族は、執行が終わってはじめて知らされる。回答は、死刑確定者が心の安寧を得られるためと説明しています。しかし、死刑確定者やその家族が自分たちでそういう決定をすることを認めていない。委員会は日本に対して、こういうやり方は非人道的であって、やめるべきだと繰り返し言ってきました。

2008年に、委員会は、死刑の控訴手続きを義務的なものとするように勧告しました。日本はこの勧告を実施せず、しかも裁判員が現在では全員一致でなく、死刑を科すことができるという制度を導入しました。これは義務的な控訴手続きがますます必要であるということではないでしょうか。

日本が死刑確定者と弁護士の間での接見の厳密な秘密性を守らないのは、なぜでしょうか。2008年に委員会は改革を求めていました。最高裁が2013年12月に判決を出して、これは実務上の変化を、少なくとも一部もたらしたようですが、刑務所の行政にどんな変化が出てきているのでしょうか。

そして、法律に基づきますと心神喪失の者を処刑することはできないとされていますが、有罪判決を受けた者の心神喪失状況については、独立的な審査が許されていないということは正確な事実でしょうか。高齢者の死刑執行

について政策の実際的な見直しはなされているのでしょうか。

　質問事項13では、法務大臣の死刑に関する検討会の結果についての情報を求めたのですが、その内容について何の情報もまだ得られておりません。

　ずいぶん深刻なこれらの問題について時間をいただいて申し訳ございません。これが本日の私の質問です。お答えについて、事前に御礼を申し上げておきたいと思います。

議長：

　ニューマンさん、ありがとうございました。私のリストに載っている次の発言者はシャニーさんです。シャニーさん、お願いします。

シャニー：

　議長ありがとうございます。日本から来られた代表団の皆様、私からも同僚と同じく心から歓迎申し上げます。質問事項6番、10番、15番について、お話します。

公的分野および職場における男女平等

　まず6番、公的分野および職場における男女平等についてまずは、締約国から提供された情報に感謝します。またこの重要な問題について、先ほど代表団の長が発表したコメントに感謝します。それによっても示されていることですが、日本では公的部門でも民間部門でも女性に対する代表性が少なく、差別があるという問題に対する認識はあり、問題解決に取り組まれていることは理解しました。

　しかしながら、政府が今までのところ政治における女性の比率の数字目標が達成できないことに照らしてみると、私の質問は、政党に要請するだけではなく、是正措置をとるよう求めたり、アウトリーチとか、あるいは研修プログラムなど、参加を拡大するその他の特別の措置を一時的にも検討する時期にないのかという点を聞きただしたいということです。

　また同じ調子で、経営における女性の比率がかなり高い企業には公的調達のための入札にあたって高い評価を与えるなど、ソフトなインセンティブを与えることによって女性の権限強化措置をとるように、企業に奨励するという現在の政策は、あまりにも軟弱なアプローチであり、部分的なアプローチに過ぎないようにみえます。もっと積極的な対策が必要と考えられます。そ

ういう意味で、私は、この問題に関して代表団のコメントや考えをいただければ、評価するつもりです。

　また、日本が女性を労働力として完全に組み入れ、賃金格差を埋め、上級の経営職に昇進させるのに成功していないことについて、主要と思われる理由について私たちに日本の政府代表団は説明できるのでしょうか。規範がないということなのでしょうか。あるいは規範が実施されていないということなのでしょうか。それとも文化的な障害があるということなのでしょうか。また、第3次男女共同参画基本計画があるという点では、私たちは評価しますが、リサーチとかモニタリングという仕組みがあるのでしょうか。これがあれば、貴国がこの件でまだ相対的に見て失敗している原因を明らかにすることができるのではないでしょうか。

　さて、日本では男女の賃金格差の実情は70％より大きい隔りがあると推測して間違いはありませんか。というのも、政府が私たちに提供する数字は、フルタイムの一般職だけを対象としており、労働力の30％を占めるパートタイム労働者を含むものではなく、そのうち70％が女性であるからです。

　パートタイムの女性の時給が998円で、男性のパートタイムの場合は時給1,092円という情報を政府から提供されました。妊娠した女性の解雇について、何が相談支援や是正指針になっているのか説明できますか。このような実例にかかわった被用者に対する裁判所の手続について数字で示すことができますか。19の行動指針で示された政府の数字は、あまりにも低すぎるように思います。この調査件数について委員会に説明できますか。

　2013年に連合が発表した調査によれば、日本では女性の労働者の約19％が何らかのハラスメントにあっています。これには職場におけるセクシュアルハラスメントも含まれますが、ほとんどが告訴も、相談もされていないのです。その意味で、本委員会がすでにこの点について総括所見で述べていたのにかかわらず、なぜ日本の法律は明示的にセクシュアルハラスメントを犯罪化しないのか、その理由を説明できますか。

　この点で最後に、日本政府として、実際のマイノリティの女性の労働環境について調査をしたことがないというのは、本当でしょうか。また、具体的な対策として、マイノリティ女性、例えば部落に所属する女性の労働参画を向上させる対策について、説明できますか。

ヘイトスピーチ

　次に、質問事項10のヘイトスピーチに移ります。委員会に対して報告された内容に感謝申し上げます。日本においてのヘイトスピーチ、また、レイシズムに対する闘いについてのコメントに感謝申し上げます。

　私からの質問は、こういった国が行った対策で、委員会に報告のあったものについてです。第一に、雇用市場におけるマイノリティに対する差別をなくす努力や寛容を促す幅広い教育を提供する努力が行われているのかどうか。これらの措置が問題解決に向けて十分なものであるのかどうか。問題というのは日本に重大な局面にあると思われるものを意味するのですが。実は、委員会に寄せられた情報によれば、2013年には日本で人種差別主義のデモやスピーチが、もっぱら東京におけるコリアン住民が多く居住する地域で360件以上あったわけです。

　民族的な優越性とか憎悪とかに基づく思想を流布すること自体は日本の法律では処罰されていないという情報を私たちは持っているのですが、これを代表団は確認しますか。こういったスピーチは、例えば物理的な暴力とか、脅迫とか名誉毀損など、犯罪行動を伴う場合でなければ処罰されることはないのでしょうか。2010年に委員会の最終見解において人種差別の撤廃に触れているのですが、これに照らしてヘイトスピーチや人種差別スピーチに関する立法を採択することを考慮しているのでしょうか。

　また、この点で私たちの理解するところでは、日本の現行法では、警察がヘイトスピーチを引き起こすデモを止めることを許していないわけです。そして、政府としても、日本人以外お断りという掲示が多くの場所に掲げられているのに対して、日本政府は何も、ほとんど何もしていないように見受けられます。日本には、こういった人種的差別を表明することを禁止する特定の法律はないと理解していますが、間違っていますか。そして、人種差別撤廃委員会（CERD）の勧告を実施することを日本は検討していますか、こういった事態に対応する反差別法という立法措置を成立させることを検討していますか。

警察による取調べ

　次に時間がないので、質問事項15についてお聞きします。警察の取調べに関する問題です。今回代表団から刑事司法制度に関してたくさんの側面に

ついてきわめて包括的な情報が提供されたことを感謝申し上げます。ここで知りたいのは、締約国がさらに取調べの録音・録画を拡大する方向に向かっているかどうかです。今のところ、この取調べの何パーセントが終日録音・録画される予定であるかという目標値について、わたしたちにははっきりされていないように思われます。いくつかのNGOから得た情報によると、この取調べの録音・録画は、全事案のおよそ３％にすぎないようです。これが正確な情報かどうかもわかりません。代表団の皆様にこれに対する回答をいただければ幸いです。

　国家的な試行に関して、どのような事件が試行から除外されているのか明らかでありません。例えば、政府回答の中で、1,000件以上の中の619件において、検察官主導で録音・録画機器が使われたと報告されています。しかし、なぜ残りの事件で同様に録音・録画がされなかったのでしょうか。また、録音・録画が採用される事件を選ぶ基準は何でしょうか。そして、検察官が同様に取調べの録音・録画をすると決定する前の警察における初期の取調べでは何が起こっているのでしょうか。さて、我々にはいくつか情報があります。一部の警察において、取調べの様々な段階の録音・録画や自白事件についての録音・録画の試行が導入されたと締約国から情報をいただきました。そこで、再度質問ですが、もし予定では自白事件であるときに、冒頭から自白が始まらなかった場合の取調べはどうなるのでしょうか。現実には、取調べをしているうちに自白に至るからです。また、自白事件に関連する問題をもたらす証人の取調べの場合はどうなるのでしょうか。また、報告書では、自白事件において、その取調べの一部が録音・録画されることがあると示唆されています。それは取調べのどこの部分が録音・録画されるのでしょうか。また、一部の録音・録画は、自白の強制の問題や操作された録音・録画の使用に関する問題に対処できるのでしょうか。弁護人は加工前の録音・録画を見ることができるという締約国による説明は歓迎します。しかし、それもまた、もしある取調べの一部分のみの録音・録画や一部の取調べの録音・録画にすぎないのであれば、制限された保証にすぎないでしょう。代表団は、取調べの録音・録画を監督するために法務省の諮問機関が提言したという監督の仕組みについて考えを聞かせてください。

　次に、実際の取調べの実施についてです。日本において、国家公安委員会の規則は、警察が被疑者に触れること、力を行使すること、脅迫すること、長い間固定した姿勢をさせること、暴言を吐くことや自白の見返りに利益提供をすることを禁止していると理解しています。にもかかわらず、当局がこ

れらの規則を適切に実施していない、また、一部の例では、警察官が取調べの間中被疑者を手錠で椅子に固定し、攻撃的な尋問技術を用いて、8時間から12時間取調べを行っているとの報告があります。これらの申立てに回答いただけますか。また、取調べの延長について1年に何件の事前承認が与えられているのか委員会に情報を提供できますか。私たちが話しているのは、ほんのわずかなケースについてでしょうか。何百ものケースがあるのでしょうか。取調べ中の人物に手錠をすることは日本では一般的な方法なのでしょうか。また、弁護士の立会いなしに取調べを実施している理由と、特にこの分野の問題に関する委員会の一貫した判例法を踏まえ、刑事事件の極めて重要な局面において立会いを否定することが規約のもとにおいて刑事被疑者の適正手続の権利と一致すると代表団は考えているのかについて、委員会にどうか説明してください。

　次に、自白の問題に進みましょう。締約国が異議を唱えていないと理解している情報によりますと、2011年において、公判段階に至った事件の99％以上が有罪判決につながり、これら有罪判決に対する上訴が認められたことはほとんどないとのことです。これは政府が日本の刑事司法制度が非常に優れていると考えていることや検察当局によって起訴するかしないかに適用される裁量がとても厳しいことの結果かもしれませんが、多数の国での事例の検討から得られる我々の経験では、とても高い有罪率は警戒の原因であり、裁判官が検察の決定に介入することに臆病になりすぎているか、制度が司法取引にあまりに頼りすぎているか、取調段階において被疑者の権利が綿密に守られていないことを示唆すると考えられます。これを受けて、私たちは、日本の刑事訴追制度が検察当局に有利であり、被疑者から自白を引き出す傾向にあるというNGOからの申立てをとても真剣に議論しなければなりません。おそらく皆さんご存知のとおり、大多数の人が追い詰められて虚偽の自白をすることから、真実の究明の方法として自白は信用できないという学術研究が多数存在します。例えば、アメリカでの研究は、有罪判決から無罪となった犯罪者の25％から30％が、虚偽の自白を行ったことを示しています。私たちは袴田巖氏の無罪判決について聞きました。このような古い事件について再審を開始したことについて政府を高く評価します。しかし、日本の刑事司法制度において、日本の刑務所において、ことによると死刑囚にですら、多くの他の袴田事件がないことをどのように信じられるでしょうか。

拷問・虐待の申し立てに対する調査

　最後に、2007年から刑事収容施設及び被収容者等の処遇に関する法律により、刑事施設に関する不服申立制度が設けられたことについて歓迎しますが、自由を剥奪された者に対する拷問及び虐待の申立てに対する調査の独立性及び公平性を強化する必要についての拷問禁止委員会の勧告を締約国は配慮しているのかどうかについて代表団は情報を提供していただけるでしょうか。

　ご静聴ありがとうございました。回答をお願いします。

議長：
　シャニーさん、ありがとうございました。次に、ザイバート・フォーさんです。どうぞ。

ザイバート・フォー：
　ありがとうございます、議長。同僚と共に代表団を温かくお迎えします。今日と明日の審査に備えて、私たちは、回答書も私たちに提供されたすべての情報も慎重に読みました。そのため、代表団と非常に建設的な対話がもてることを期待しています。
　今日の私の問題は差別の撤廃、すなわち、性的指向、性自認及び国籍に基づく差別からの保護に関連することです。

性的指向、性自認に基づく差別

　はじめに、性自認及び性的指向を理由とする差別の撤廃を取り上げている問8についてです。不利益を軽減させることを目的として、性同一性障害者の性別の取扱いの特例に関する法律が2004年に制定されたと理解しています。これは正しい方向への措置だと評価されたと思いますが、「障害」としているこの法律の名前は、性的不一致を病的なものと見なしかねないものであり、トランスジェンダーに対する非難に拍車をかけるのではないかと思います。法律上トランスジェンダーを認める何かほかの立法措置が採られたのか知りたいです。また、性自認や性的指向を理由とする差別を禁止する法律があるのかどうか知りたいと思います。私の情報によると、性的指向を理由とする差別撤廃を含む人権保護の法案が、2002年、2003年及び2005年

に可決しませんでした。LGBTに関して、社会的なハラスメントや非難に苦しんでいることに懸念が表明されています。2012年に内閣により採択、承認された自殺防止の国家政策によると、LGBTは自殺する危険の高いグループです。これに関してどのような具体的措置がとられたのか聞きたいです。LGBTに対するハラスメントに対処するためになされた調査の数を示すデータをいただけると助かります。認識を高める取り組みの概略を述べる政府のリスト・オブ・イシューズに対する回答を評価します。第3次男女共同参画基本計画に性的指向や性自認が含まれたことは十分に分かりました。私たち

■コラム■ジュネーブこぼれ話② **NGOブリーフィング**

通常3週間ある委員会の会期中、委員の予定は、複数の国の政府報告書審査、リスト・オブ・イシューズの採択、一般的見解の検討作業、個人通報事件等で埋まってしまっているため、委員に話を聞いてもらうことは容易ではありません。そのため、NGOブリーフィングは、NGO参加者が委員に対して口頭で対象国についての情報を伝えることができる非常に貴重な機会であり、多くのNGOが参加及び発言を希望します。他方、委員は、昼食時間を削って参加するため、時間は非常に限られています。それゆえ、NGOごとの発言時間は事前に指定されており、これを厳格に守る必要があります(実際に、指定された時間を越えてしまい、中断を求められた団体もありました)。

したがって、各NGOは割り振られた制限時間内に収めるため、例えば専門用語は可能な限り略語を使用したり、優先度合いの低い情報はそぎ落としたりするなど、発言に当たって工夫が求められます。

NGOが主催した非公式のNGOミーティングでは、すべてのNGOの発言後に委員との質疑応答の時間が設けられたのですが、その時、日弁連派遣団の発言を受けてイスラエルのシャニー委員が死刑問題について質問をしてくださいました。NGOミーティング終了後にシャニー委員に補足説明をしに伺ったところ、とても丁寧に話を聞いてくださり、実際に政府報告書審査の場でも、日弁連の派遣団がお伝えしたことを元に政府への質問をしてくださっていました。これを見て、ロビーイングの効果を出すことができたものと、非常に嬉しく思います。

【山下優子】

が今その有効性を評価できるようにするため、この計画の影響を示すより多くの情報とデータが欲しいです。また、私たちは締約国の第6回報告より、公営住宅法が改正され、同居親族要件が撤廃されたと情報を得ました。よく分からないのが、どの程度これが公営住宅に適用しているのかという問題です。大阪府に関するものを除いて、同性カップルを含める地方公共団体の条例が見当たりませんでした。ですから、実際のところは多数の同性カップルがいまだ公営住宅の賃貸から排除されているのではないでしょうか。

年金における外国人に対する差別

次に、外国人への国民年金制度の影響に関する問9に移りたいと思います。国民年金法が国籍に関係なく適用されることは知っています。しかし、本委員会は、前回の総括所見で、1961年から1981年に影響を与えた以前の国籍要件は、長い間多数の外国人に不利益を及ぼしているとすでに懸念を表明しました。特に1952年に日本国籍を喪失した韓国・朝鮮人は、1981年まで国民年金制度に参加できなかったため、国民年金制度の下での年金受給資格から事実上排除されているようです。誤解のないようにすると、その原因は、外国人を排除する傾向ではなく、かつての国籍要件と20歳から60歳の間に最低25年間年金保険料を払わなければならないという現在の要件が相まっていることです。この要件の影響は、国籍要件が撤廃されたときに35歳以上であった外国人が、20歳から60歳の間に25年間払込みしていないことによって、年金の受給資格がないということです。同様の懸念は、障害年金給付に関しても示されています。そのため、私たちの疑問を再確認したいと思います。締約国は、前回の総括所見によって要求された年齢要件によって影響を受けた外国人のための経過措置を講じたのでしょうか、またどのような効果があったのでしょうか。締約国の定期報告書によると、25年のルールを適用するより一定の柔軟性のあるアプローチがあるとのことです。このいわゆる柔軟性のあるアプローチについての具体的な適用に関する情報がほしいです。何人の外国人、特に年金給付を受けた韓国・朝鮮人が影響を受けたのか、またいくら受け取ったのかを示すデータを代表団が提供していただけるとありがたいです。

ありがとうございました。

議長：
　ザイバート・フォーさん、ありがとうございました。次は、ズラテスクさんです。ズラテスクさん、どうぞ。

ズラテスク：
　ありがとうございます。日本の代表団の皆様、詳細なレポートとお越しいただいたこと、本当にありがとうございました。

精神病院における長期収容・虐待など

　私の質問は、リスト・オブ・イシューズの問11に関連するもので、精神科病院における人身傷害や虐待を含む通報された事件の概要を考慮しようと思います。
　NGOからのたくさんのそのような報告が、精神障害者に対する医療関係者による犯罪的暴力行為を含む、強制入院や精神科の施設における情報を提供された自由な患者の同意の違反から成る驚くほどの数の人権原則の違反を明らかにしています。それが、看護師による虐待もしくは故意に傷つけられた30歳の患者が頸部の障害を負いそして死亡した2012年の事件の最近の報告から始まる全国精神病者集団から提出された事件のリストです。そのリストは、1954年から2014年までの日本の精神医療施設における人権侵害の長いリストが続いています。私は、ここでもっとも重要な申立てについてのみ触れようと思います。1973年、強制された前頭葉切断手術。1975年、病院が入院患者に作業を強いて、入院患者の障害年金を不正に得た。1980年、看護師が入院患者を傷つけ死に至らしめた。1982年、2人の入院患者が脱走に失敗した後自殺した。1985年、看護師が患者を殴り、頭の骨を折った。1989年2月、看護師が57人の患者から金を着服した。1997年、看護師が入院患者の頭を壁に打ち付け死亡させた。1999年、患者の精神医療審査会への退院請求を取り下げさせた。2003年、入院患者からの退院請求に対する違法な拒否。リストは、戦後日本の精神医療政策を最も好ましくないものにしている何百ものそのような報告が続きます。ほとんどの報告は、長期の収容期間、患者の同意の欠如、拘束の長期化や患者の状態の回復不能な悪化につながる施設内での虐待を認めています。
　私の最初の質問は、そのような報告の証拠に由来します。政府は、精神科病院における虐待を防止するためどのような手段を講じているのでしょう

か。政府は、調査をするため、また精神科病院における虐待や他の重大な人権侵害の被害者へ補償するためにどのような手段を講じているのでしょうか。

　日本のスピーカーが言及されたように、精神障害者について入院医療から地域生活への移行を促進することを目標とする、精神保健及び精神障害者福祉に関する法律の改正法が2013年の通常国会で可決されたことに我々は敬意を表します。しかしながら、それは追加の質問の余地を残します。まず、全ての精神医療と入院が個人の自由かつ情報が与えられた同意を基礎とすることの確保を目的とする重要な活動は何でしょうか。私は、同僚であるジェラルド・ニューマン教授の質問と同調していると思います。日本政府は、第三者によってなされないことを確実にするため、自由かつ情報が与えられた同意についての教育、訓練や意識向上をどのように確保しているのでしょうか。脱施設化の政策や積極的な戦略を発展させるため、日本政府により講じられた効果的な措置は何でしょうか。これが我々がより深い洞察を必要とするかもしれないところです。同僚が言及した地域社会に基礎を置いたサービスの重大な弱点を改善するために講じられた効果的な措置は何でしょうか。最後に、有意義な相談や精神障害者の参加を含む地域社会に基礎を置いた代替措置を発展させるための予算や資源の配分のために講じられた効果的な措置は何でしょうか。

　ありがとうございました。

議長：
　ありがとうございました、ズラテスクさん。最後のスピーカーはブジッドさんです。どうぞ。

ブジッド：
　議長ありがとうございました。私も日本代表団を心からご歓迎申し上げたいと思います。

ムスリムに対する監視

　私がお話したいのは、問10についてです。いただいた情報によりますと、日本におけるイスラム教徒すべてが警察によって監視や非常に詳しく観察されているようです。この情報によると、2010年にとても慎重に扱うべき個

人情報がインターネット上に公開されました。私の質問はこのことです。テロとの戦いとの関連で行われた警察によるこの監視は、まだ事実なのでしょうか。今でも起きているのでしょうか。それとも中断されたのでしょうか。

　２番目に、データを言わば壊され、開示された人々、ここで私が申し上げているのは政府によってデータにアクセスできるようにされてしまったイスラム教徒ですが、これらの人々は補償の機会は与えられたのでしょうか。

　ありがとうございました。

議長：

　ありがとうございました、ブジッドさん。スピーカーのリストはこれで終わりました。今５時25分です。私が休憩を取ることに気がすすまないことを日本代表団は理解してくださると思います。そこで、代表団にお願いしたいのです。今日の午後に全ての問題にご回答いただけるとは思っておりません。どう考えてもいくつかは明日に持ち越されるでしょう。しかし、代表団は６時まで行うということでいくつかの問題にご回答いただけるでしょうか。代表団長の返事を求めます。

代表団長：

　ただいまいただきました質問のすべてについてお答えできるかどうかわかりませんが、できる限りのご回答をさせていただきたいと思います。

規約の効力

　まず、はじめに、日本の法体系における国際人権規約、この人権規約の地位如何ということで、裁判所において直接適用があるかどうか、自動執行力があるか、認められるかどうかのご質問ですけれども、我が国の憲法第98条第２項におきましては、日本国が締結した条約及び確立された国際法規は、これを誠実に遵守することを必要とすると規定しております。我が国が締結し、公布した条約等は、国内法としての効力を持ちます。我が国の憲法には、我が国が締結した条約と法律との関係についての明文の規定はございませんが、条約が法律に優位するものと考えられております。一般に本規約や条約の規定を直接適用しうるか否かにつきましては、当該規定の目的、内容及び文言等を勘案し、具体的場合に応じて判断すべきものと解されておりますが、我が国が条約の締結にあたっては、国内法との整合性を確保することとして

いることから、本規約の趣旨は既に国内法の規定に反映されており、その国内法の規定が適用されている場合が少なくありません。訴訟におきまして、当事者が本規約や条約の条項に基づく主張をしている場合に、裁判所が国内の法律規則、処分等の当該条項への違反の有無について判示している裁判例及び国内法の適用に関し、本規約について言及した裁判例は、次のとおりでございます。まず、2013年9月4日の最高裁判所大法廷決定におきましては、嫡出でない子の相続分を嫡出である子の相続分の2分の1とする民法の規定が違憲であるとの判断がされた裁判例でございます。2008年6月4日、最高裁判所大法廷判決におきましては、日本国民である父と日本国民でない母の間に出生した後に、父から認知された子につき、父母の婚姻により嫡出子の身分を取得した場合に限って日本国籍を付与するとする旧国籍法第3条第1項は不合理であり、違憲であるとした裁判例がございます。

規約についての法執行職員への研修

また、本規約についての法執行職員への研修につきましてのご質問がありましたので、この点に関しましては、法務省から回答をお願いいたします。

法務省：

法務省大臣官房よりお答えをいたします。先ほど、フリンターマンさんから、司法関係者に対しての規約の直接的援用について、何か研修指示等を行っているのかというお尋ねがございました。これにつきまして、裁判官の研修を担当する司法研修所におきましては、任官時を含めて新しい職務、またポストに就いた裁判官に対して実施する研修の中で人権問題を専門とする大学教授などを講師として招き、国際人権規約の適用及び解釈に関する講演を行っています。こういった研修を通じまして裁判官の国際人権規約に対する理解と意識を高めております。また、検察職員に対しましても、各種研修において、国際人権規約を含む人権に関する諸条約をテーマとした講義を行っております。こういった講義を通じて十分な教育を行うよう努めているところです。

ありがとうございます。

個人通報制度についての政府の立場

代表団長：

　引き続きまして、本規約第1選択議定書に関するご質問に関してお答えさせていただきたいと思います。個人通報制度につきましては、人権諸条約の実施の効果的な担保を図るとの趣旨から、注目すべき制度であると認識しております。同時に、ご指摘のありましたように、我が国の司法制度や立法政策との関連での問題の有無や、個人通報制度を受け入れる場合の実施体制等の検討課題があると認識しております。政府といたしましては、各方面から寄せられるご意見も踏まえつつ、個人通報制度の受け入れの是非につき、引き続き真剣に検討を進めているところでございます。個人通報制度の受け入れにあたりましては、例えば国内の確定判決とは異なる内容の見解、裁判係属中の事件についての見解、通報者に対する損害賠償や補償を要請する見解、法律改正を求める見解などが委員会から出された場合に、我が国の司法制度や立法政策との関係で、どのように対応するかについて、慎重に検討する必要がございます。また、通報があった場合における事務処理体制についても検討を要しております。関係諸国のいくつかの実例についても情報収集し、検討しているところでございます。今後の見通しを申し上げることは困難でございますが、今後とも各方面から寄せられている意見を踏まえつつ、引き続き検討を進めてまいりたいと考えております。

差別禁止法

　次に、包括的差別禁止法の制定についてのご質問について、お答えさせていただきたいと思います。我が国の憲法第14条第1項は、一般的に法の下の平等原則を定めたものでありますが、これを踏まえ、我が国は雇用、教育、医療、交通等国民生活に密接な関わり合いを持ち、公共性の高い分野につきましては、特に各分野における関係法令により、広く差別待遇の禁止を規定しております。例えば雇用につきましては、労働基準法第3条におきまして、使用者は労働者の国籍、信条、または社会的身分を理由として賃金、労働時間、その他の労働条件について差別的取り扱いをしてはならない旨規定しております。教育につきましては、教育基本法第4条におきまして、すべて国民は等しくその能力に応じた教育を受ける機会を与えられており、人種・性別等により、教育上差別されない旨、規定されております。医療につきまし

ては、医師法、歯科医師法、薬剤師法等により、正当な事由がなければ診療や調剤等の求めを拒んではならない旨規定されております。交通につきましては、航空法、鉄道事業法等において、不当な差別的な取り扱いについて禁止し、または是正できる旨規定しております。また、その他公衆浴場の経営会社が外国人の入浴を拒否することや、宝石店店主らが外国人であることを理由に店舗からの退去を求めることなど、人種差別的行為があった場合には、民法の不法行為にあたるとして損害賠償責任が発生し得ます。さらに、人種差別思想の流布や表現に関しましては、それが特定の個人や団体の名誉、信用を害する内容であれば、刑法の名誉毀損罪、信用毀損、業務妨害罪等で処罰可能であるほか、特定の個人に対する脅迫的な内容であれば、刑法の脅迫罪、暴力行為等処罰に関する法律の集団的脅迫罪、常習的脅迫罪等により処罰可能です。また、人種差別的思想を動機、背景とする暴力行為につきましては、刑法の傷害罪、暴行罪等により処罰可能となっております。なお、法務省の人権擁護機関では人権相談所を設けるなどして、差別を受けた方々からの相談に応じているほか、人権侵害の疑いのある事案を認知した場合には速やかに調査し、事案に応じた適切な措置を講じております。我が国としましては、これらの法制度等を通じ、憲法が保障する法の下の平等の原則を最大限尊重し、今後ともいかなる差別もない社会を実現すべく努めてまいりたいと考えております。

ドメスティック・ヴァイオレンス

　また、外国人のDV被害者に関するご質問に対してお答えしたいと思います。配偶者からの暴力は、犯罪となる行為を含む重大な人権侵害であり、人道的観点からも迅速・的確に対応すべきであることから、外国人被害者の保護を旨とし、在留審査退去強制の各手続におきまして、被害者本人の意思及び立場に十分配慮しながら、個々の諸事情を勘案して、人道上適切に対応することとしております。入国管理局では、DV被害者である外国人に対しては、関係機関と連携して、被害者の身体の保護を確実なものにする一方、DV被害のために別居を余儀なくされたり、提出資料が用意できない被害者から、在留期間更新許可申請、または在留資格変更許可申請があった場合には、被害者本人の意思及び立場に十分配慮しながら、個々の事情を勘案し、人道上の観点から適切に対応しております。また、DV被害を要因として不法残留等の入管法違反となった場合も個々の事情を勘案し、人道上の観点か

ら適切に対応しております。検察当局においては、被害者の国籍の如何を問わず、その置かれた立場に十分配慮しつつ、適切な検査、公判活動の遂行に努めております。警察では、配偶者からの暴力事案に対して、刑罰法令に抵触する場合には、被害者の意思等を踏まえて、検挙、その他の適切な措置を講じるほか、刑事事件として立件が困難であると認められる場合であっても、加害者に指導・警告を行うなどの措置を講じております。また、配偶者からの暴力の防止及び被害者の保護等に関する法律に基づき、裁判所からの保護命令の通知を受けた場合は、速やかに被害者と連絡を取り、緊急時の迅速な通報等について教示するともに、加害者に対しても保護命令が確実に遵守されるよう、指導・警告等を行い、保護命令違反を認知した場合は速やかに検挙するなど、厳正に対処しているところです。

性的志向にもとづく差別

　また、先ほど性的指向に基づく公共住居への入居に関しての差別についてのご質問がありましたので、その点についてお答えいたします。第6回政府報告にありますとおり、地域の自主性及び自立性を高めるための改革の推進を図るための関係法律の整備に関する法律による公営住宅法の改正により、いわゆる同居親族要件は撤廃されたところであり、法制度上、同性カップルは公営住宅制度から排除されているわけではありません。同性カップルを含め、いかなるものを公営住宅に入居させるかについては、各地方公共団体の判断にゆだねられているところです。
　次に、法務省から残りの質問の一部について、回答をしてもらいます。

法務省：
　それでは法務省からいくつかの質問について、さらに答えさせていただきます。

国内人権機関の設置

　まず、国内人権機関に関するご質問をフリンターマン委員からいただきました。この点についてお答えをいたします。
　国内人権機関についての質問についてお答えいたします。新たな人権救済機関を設置するための人権委員会設置法案は、2012年11月9日、第181

回国会臨時会に提出されましたが、同月16日の衆議院解散により廃案となりました。人権救済制度のあり方については、これまでなされてきた議論の状況をも踏まえ適切に検討しているところであります。なお、人権救済制度のあり方については、様々な点で議論があり、そのすべてをこの場で紹介することは困難でありますが、例えば人権委員会の権限が強大であるとか、調査対象である人権侵害の範囲が曖昧である、あるいは漠然としているといった批判があり、議論がなされています。

婚姻最低年齢・再婚禁止期間に関する男女差別

続きまして、婚姻最低年齢及び再婚禁止期間に関するご質問をいただいております。この点についてお答えいたします。まず、女性の再婚禁止期間の短縮や、婚姻適齢の男女統一などを内容とする民法及び戸籍法の改正については、婚姻制度や家族のあり方に影響する重要な問題であると考えております。ただ、大方の国民の理解を得た上で、このような改正を行うことが相当であると考えておりますが、国民の間にもいまだ様々な意見があり、現在実現できる状況にございません。再婚禁止期間の規定は、女性が前婚の解消後に、短期間のうちに再婚して子を産んだ場合、その子の嫡出推定が前婚の夫との間で重複するなどして、父親を確定することが困難になります。このような事態を回避するための手段として、この再婚禁止期間の規定が設けられておりまして、父と子の関係をめぐる紛争を未然に防ぐという合理的な理由をいまだ持っている制度であると考えております。また、男女の婚姻年齢の規定につきましては、男女の成熟度の差異に基づいて、男女差を設けたものでございまして、肉体的、精神的、経済的に健全な婚姻をなす能力を欠くと考えられる年少者の婚姻を禁じるという、これについても、また合理的な理由をいまだもっている制度であると考えております。

代用監獄

次に、代用監獄に関するご質問をいただきました。これにつきまして、私の同僚から説明をさせていただきます。

法務省：

我が国の刑事司法手続の下では、起訴前の被疑者の身柄拘束は、勾留及び

勾留期間の延長についての厳格な司法審査に服し、その期間は逮捕の期間も含めて最長でも23日間と限られております。捜査機関は、この期間に起訴、不起訴の決定段階における厳格な選別を可能にするに十分な証拠を収集するため、被疑者の取調べを行ったり、被疑者立会いの下で実況見分を実施したり、多数の証拠品を被疑者に示して説明を求めるなどの捜査を要します。そのような捜査を円滑かつ効率的に実施するためには、警察署の留置施設に被疑者を勾留することは、重要な役割を果たしております。また、数が限定された拘置所と異なり、警察署の留置施設は、各地域の中心部にきめ細かく配置されており、警察署の留置施設に被疑者を勾留することは、同じ地域に住む被疑者の家族が接見のために足を運ぶ上でも、弁護人等が被疑者と定期的に接見する上でも便宜であります。さらに、現状において、ほとんどの被疑者が警察署の留置施設で勾留されていることも踏まえますと、警察署の留置施設を代替収容施設として利用することを禁ずるのは現実的ではありません。刑事収容施設及び被収容者等の処遇に関する法律により、留置施設にかかる留置業務に従事する警察官は、その留置施設に留置されている被留置者にかかる犯罪の捜査に従事してはならない旨が、明文で規定されました。また、弁護士等の法律関係者等が委員を務め、警察からの独立性を有する留置施設視察委員会が留置施設を視察し、留置業務に関して意見を出すことができることとされ、被留置者が都道府県公安委員会に対して、処遇に関する不服申し立てをすることもできることとされました。このように、代替収容施設における被留置者に対する処遇の適正化を担保する制度が設けられております。したがって、現状におきましては、代替収容制度を継続する必要性は高く、これを継続することにより、被疑者被告人の処遇が不適当なものになるとも考えておりません。

弁護人へのアクセス

引き続き、代替収容施設制度と弁護人へのアクセスとの関係についてのご指摘もありましたので、この点についても回答をさせていただきます。我が国の刑事訴訟法におきましては、以下のとおり、被疑者の弁護人選任権に対する十分な配慮がなされているところでございます。このことは被疑者の勾留場所が代替収容施設の場合であっても同じです。まず、司法警察員または検察官は、被疑者を逮捕したとき、または逮捕された被疑者を受け取ったときは、直ちに弁護人を選任することができる旨を告げることとされておりま

す。勾留された被疑者は、裁判所、または刑事施設の長、もしくはその代理者に弁護士、弁護士法人、または弁護士会を指定して弁護人の選任を申し出ることができるものとされています。我が国では、2006年10月から被疑者国選弁護制度が死刑、または無期もしくは短期1年以上の懲役もしくは禁固にあたる事件を対象として実施されております。さらに、2009年5月からは、その対象となる事件が死刑、または無期もしくは長期3年を超える懲役もしくは禁錮にあたる事件に拡大されています。被疑者国選弁護制度の対象となる事件について、弁護人選任権を告げるにあたっては、貧困、その他の事由により、自ら弁護人を選任することができないときは、裁判官に対して弁護人の選任を請求することができる旨や、その手続を教示しなければならないこととされています。身体の拘束を受けている被疑者は、弁護人または弁護人となろうとする者と立会人なくして接見し、または書類もしくは物の授受をすることができ、この権利は身体拘束の場所が刑事施設であるか、代替収容施設であるかによって異なりません。以上です。

議長：

　スピーカーの方ありがとうございました。内部で調整する機会のない中で、積極的に質問にお答えいただいたことに関して代表団に御礼申し上げたいと思います。また、我々の質問に対してとても有益であり、すばやい応答でした。もちろん、代表団は、我々の質問の回答を終えられていません。より一層注目すべきものがあります。しかし、とりあえず、時間を適切に使えたことを嬉しく思います。我々はまだフォローアップの質問やリスト・オブ・イシューズの2番目の部分の質問をしなければならないので、代表団には、明日の朝に残っている質問に早急に回答する、またできる限り簡潔に回答する準備ができるよう、残っている回答を今晩整理していただきたいと思います。ですから、もし代表団が、例えば、残っている回答を10時からの明日のセッションの冒頭で30分に収めてくださったら、大変助かります。

　再度、関係者にお詫び申し上げます。提出された文書が翻訳されていない状況にあることに本当に直前に気づきました。そのため、代表団も直前に知ることとなりました。要するに、我々は作業時間の1時間を失いました。本当にとても遺憾な状況であり、記録に残さなければなりません。

　同僚の方々、代表団、その他この部屋のみなさんに御礼申し上げます。ありがとうございました。よい夜をお過ごしください。明日10時にこの部屋でまたお会いしましょう。セッションを中断します。

■コラム■ジュネーブこぼれ話③　委員への情報提供

　自由権の政府報告書審査の過程で、NGOは、委員会に対して、政府報告書に対するカウンターレポート及びリスト・オブ・イシューズに対する報告書を提出します。

　しかし、それらの書面を提出するだけではNGOの活動としては十分ではありません。実際に現地に入った後、ロビーイングやNGOブリーフィングを受けて委員の疑問に対する情報を適宜提出したり、政府の回答が適切ではなかった場合に実情を正しく説明したり、適時に委員に対して追加情報を提供することが有用です。

　委員に提供する追加情報の準備をする場合、まずはジュネーブにいるメンバーで集まって、どのテーマに関する情報を提供すべきかを検討し、それに基づいて各人が自室で情報を収集し、さらに、内容の正確性についても担保するため、日本に残っているメンバーが重ねて内容を確認し、最終的に、明朝から委員に対するロビーイングを行うという作業を滞在中はほぼ毎日繰り返しました。

　このような作業を行うことができたのも、現地及び日本でこの活動に関与するメンバーの層が厚かったからこそであると思います。

【山下優子】

（打合わせ風景）

審査第2日　第2セッション

日時　2014年7月16日　午前10時から午後1時まで
場所　ジュネーブ国連欧州本部　パレデナシオン

議長：

　まず日本の代表団のご返答に入る前に、代表団からの要請として、午後まで続けていいかという要請を受けたことを皆様にご披露しておかなければなりません。議長として、独自にこの決定をする立場にはないと思います。今、そういう申し出があったので、ビューロー（理事会）から出てきてしまい、そちらと相談をする時間もありません。議長は、独自にその決定をできる立場にないと思いますので、今日午後、限られた時間ですが、継続する可能性を留保することを皆様方にお諮りします。代表団としては時間の延長を求め、私たちが以前に出した質問に対して返答するのに30分以上かけたいと言っておられ、報告書の中にあることを繰り返すべきではないということを認識しており、また文書回答を繰り返すこともすべきではないことを日本側はよく理解をしておられます。しかしながら、30分以上の時間を必要とするかもしれないということでしたので、次のことに関して、皆様にご決定をお願いしたいと思います。今朝のセッションの終わりの時間に近づいて追加的な時間が必要であると、つまり締約国から重要な情報を獲得するために、それが必要であると判断した場合には、時間を限って午後継続することを留保しておきたいと思います。いま気づいたのですが、そうすると、個人通報を審査する時間に影響がありますね。またパレウィルソンのほうに戻るという時間もありますので、もっと時間がかかることになる。個人通報に関する作業をここですることができるのか、事務局に聞いてみましょう。日本代表団が退室した後です。戻らなければならない理由はそれですからね。午後まで継続せざるを得ないという代表団の要求に従うことにご同意いただけますか。ご発言の要請がないようなので、ご同意とみなしたいと思いますが、どうぞ。

　シャニーさん、どうぞ。

シャニー：

　議長ありがとうございます。ここで個人通報について検討するという点ですけれども、パレウィルソンにファイルを置いてきているので、ここで日本の代表団の検討を終えるか、それともタイムリミットを設定するか、いずれかに決定する必要があると思います。それからパレウィルソンに戻って2時

間、個人通報を検討することを提案します。

　私がここに持っているファイルとパレウィルソンのファイルとは別のもので、事務局がここに来ることはできないでしょう。危ないなと思うことは、時間があまり生産的に使えないということです。

議長：

　よくわかります。英語で続けたいと思います。私がパレウィルソンに戻ることに躊躇している理由ですが、戻るのに少なくとも1時間かかるので、1時間のロスになってしまいます。それに代表団のために少なくとも1時間は必要となるだろうと思います。延長時間をつくるなら、1時間は必要になるだろうと推測します。少なくともそれを踏まえて仕事をしなければなりません。そうすると、パレウィルソンに戻れば、あと1時間しかないということになります。フォルダーの1を今やっております。もしほかにもあるなら、その場合は、まったくよろこんで取り上げます。1時間の議論を確保することは、メンバーに特別のことを要求するわけではなく、ラポルトゥール（報告者）が手元に資料をもっていないのに、出席することを必要とするわけではありません。会議の時間を使ってここからウィルソンまで行くのは、最善の方法ではないと思います。あえて言いますが、公然と言うのは好きではないのですが、もし資料が必要だと思われる委員がいれば、このセッションの間、あるいは休憩時間の間、あるいは昼食時に取りに行ってはいかがでしょうか。シャニーさんがおっしゃったことは重要な点ですが、この委員会がビルの間を行き来するのに重要なミーティングタイムを使うということは避けたいと思います。

　ですから、委員の皆さんが対応できるように、柔軟なアプローチをとりたいと思うのです。こういうことでラポルトゥールが不便だと考えられればどんな場合でも、できるだけ早く事務局に申し出てください。そうすれば必要な調整をしたいと思います。事務局が、そもそもここに資料を持って来ることを踏まえたい。では、さらなるご発言がないようですので、私としてはできるだけ柔軟性を持って対応したいと思います。また、日本代表団のほうもできるだけ協力的にやってくださると思います。追加的な時間を割いてご発表くださるという日本の代表団の気持ちも感謝したいと思います。必要なら時間は延長したいと思いますが、最低限ということでご理解いただければと思います。

　それでは、日本の代表団長、お続けいただければと思います。プレゼンを

お願いしたいと思います。回答ということなのですが、このラウンドの終わりは、つまり回答のプレゼンテーションは11時までに終わらなければなりません。どうぞ。

代表団長：
　ロドリー議長、まず最初にフレキシブルなご対応を示していただきありがとうございます。

最高裁への上告理由と規約違反

　昨日、お答えいたしました最高裁判所への上告理由に人権条約違反が含まれていないのではないのかというフリンターマン委員からのご質問に関して、若干回答を補足させていただきたいと思います。
　我が国の最高裁判所におきましては、人権条約違反が主張された場合でありましても、現行の訴訟制度のもとで、人権条約の規定の趣旨を踏まえて適切な判断をしているものでございます。
　例を出しますと、2008年6月の大法廷判決におきましては、自由権規約及び児童の権利条約にも児童が出生によっていかなる差別も受けないとする趣旨の規定が存することを指摘した上で、日本国民である父から出生後の認知を受けた嫡出でない子につきまして、父母の婚姻により嫡出子の身分を取得した場合に限って、日本国籍を取得すると規定している国籍法の規定は、憲法に違反すると判断をしております。
　また、2013年9月大法廷決定も上記規定が存することを指摘した上で、自由権規約委員会及び児童の権利委員会からの懸念の表明があることを考慮に入れて、嫡出でない子の相続分を嫡出子の相続分の2分の1としている民法の規定が、憲法に違反すると判断したものでございます。
　よって我が国における人権条約上の人権についての保障が不十分であるということは考えておりません。次に、法務省に回答をお願いします。

合理的な差別

法務省：
　法務省です。委員の皆様おはようございます。それでは、まず昨日、マジョディナ委員から質問をいただいた差別にはあたらない合理的な区別の定義に

ついて、お答えをいたします。

　まず、我が国では、憲法の14条1項で法の下の平等を定めております。我が国の最高裁判所によれば、この規定は事柄の性質に即応した合理的な根拠に基づくものでない限り、法的な差別的取扱いを禁止する趣旨であり、区別をすることの立法の目的に合理的な根拠が認められない場合、またはその具体的な区別と立法目的との間に、合理的な関連性が認められない場合には、その区別は合理的な理由のない差別として憲法14条1項に違反すると判断をしております。ですので、このようなものにあたらないものが差別にあたらない合理的な区別であるということになります。

ヘイトスピーチ

　それでは、次にシャニー委員から、ヘイトスピーチ、差別的な発言等につきましての質問をいただきました。これについて、私の同僚からお答えをさせていただきます。

法務省：
　ヘイトスピーチに関する質問がございましたので、それについてお答えいたします。関連するリスト・オブ・イシューズは問10です。
　いわゆるヘイトスピーチとされる言動には、様々なものが考えられますが、これが民法の不法行為に該当する場合には、そのような行為を行った者に損害賠償責任が発生します。また、一定の場合には、刑法の名誉毀損罪刑法第230条や脅迫罪刑法第222条などの犯罪が成立しうるところです。
　他方、民法上の不法行為にも刑事罰の対象にもならない行為に対する規制については、表現の自由との関係を慎重に検討しなければならないものと承知しています。
　いずれにしましても、差別意識を生じさせることにつながりかねない言動については、人権擁護の観点から引き続き注視し、外国人に対する偏見や差別の解消を目指して、啓発活動に取り組んでまいりたいと考えています。
　なお、我が国が行っている啓発活動の詳細については、リスト・オブ・イシューズ問10の書面回答において記載したとおりです。

死刑制度

続きまして、昨日、ニューマン委員から死刑に関する様々な質問をいただきました。この点につきまして、また私の同僚からお答えをさせていただきます。

法務省：

それでは、ご回答させていただきます。死刑に関する情報公開について、回答いたします。死刑の執行が適正に行われていることについて、国民の理解を得るために、可能な範囲で情報を公開する必要があり、また、被害者をはじめとする国民からの情報公開の要請も高まっております。

このような状況を踏まえて、2007年12月から死刑執行後に執行を受けた者の氏名、生年月日、犯罪事実及び執行場所を公表しております。

死刑の執行に関する情報を公表することにつきましては、死刑の執行を受けた者やその関係者に対し、不利益や精神的苦痛を与えかねないこと、他の死刑確定者の心情の安定を損なう結果を招きかねないことなどの問題がありますので、慎重に検討する必要があり、現状の公表の範囲を超える事項については、公表を差し控えるのが相当であると考えております。

引き続き、法定刑として死刑が定められている合計19の罪のリストについてのご質問がありましたので、ご回答いたします。19の罪について、順番に申し上げます。1、内乱首謀。2、外患誘致。3、外患援助。4、現住建造物等放火。5、激発物破裂。6、現住建造物等浸害。7、汽車転覆等致死。8、往来危険による汽車転覆等致死。9、水道毒物等混入致死。10、殺人。11、強盗致死。12、強盗強姦致死。13、爆発物不法使用。14、決闘殺人。15、航空機墜落等致死。16、航空機強取等致死。17、人質殺害。18、組織的な殺人。19、海賊行為による致死。そのうち、激発物破裂、爆発物不法使用、現住建造物等浸害につきまして、このような罪が重大な罪といえるのかというご指摘があったかと思います。

これらの罪につきましては、その罪の性質上、人の死を招来する可能性が類型的に高く、極めて危険な罪であると考えられます。

さらに我が国においては、古来より、もっとも重大かつ危険な犯罪と認識されてきた現住建造物等放火罪の法定刑との均衡からしても、今挙げた罪について選択的な法定刑として死刑を定めることは不法ではないと考えております。

なお、近時これらの罪につきまして、人の死の結果を伴わない場合に死刑が科されたことはありません。
　義務的再審査制度についてのご指摘もありましたので、ご回答いたします。この点につきましてはリスト・オブ・イシューズの問13のFの回答のパラグラフ119に回答してあるとおりでございます。
　引き続きまして、死刑確定者が心神喪失であるかどうかについて、外部のチェックがなされているかどうかという指摘もございました。この点、刑事施設収容法第62条1項におきまして、刑事施設の調和、被収容者が負傷し、若しくは疾病にかかっているなどの場合には、速やかに刑事施設の職員である医師による診察を行い、その他必要な医療上の措置をとるものとする旨を定めております。

死刑確定者の処遇

　刑事施設におきましては、死刑確定者に対しても常に注意が払われ、慎重な配慮がなされており、定期的な健康診断を行う他、必要に応じて外部の医療機関で医師による診察を行うなど、死刑確定者の心身の状況の把握に努めております。
　そして、死刑につきましては、刑事訴訟法第479条におきまして死刑の言い渡しを受けた者が心神喪失の状態にあるときには、法務大臣の命令によって執行を停止することとなっておりますことから、このような法の定めに従って対処すべきものと考えています。
　死刑確定者の精神状態も含めた健康状態につきましては、今後とも適切に把握し対処するように努める所存でございます。

死刑に関する勉強会

　引き続き、死刑に関する勉強会の結果につきましても、ご質問をいただきました。死刑のあり方に関する勉強会につきましては、死刑制度の存廃論を中心に外部の方からご意見を伺うなどして、2010年8月から2012年3月までの間に10回開催いたしました。
　そして、2012年3月9日、これまでの勉強会における議論・経過の概要を明らかにした上で、勉強会において明らかになった死刑制度の存廃論について、廃止論と存置論それぞれの主張を対比する形で明らかにし、死刑のあ

り方についての勉強会取りまとめ報告書を公表し、勉強会を終了いたしました。

そして、報告書では死刑制度の存廃につきまして、廃止論と存置論で大きく異なっており、それぞれの論拠については、各々の哲学や思想に根ざしたものであり、一概にどちらか一方が正しく、どちらか一方が誤っているとは言い難い。現時点で、本勉強会として結論の取りまとめを行うことは相当ではない。廃止論及び存置論のそれぞれの主な主張については、本勉強会において概ね明らかにすることができたとしております。

死刑に関する他のご質問につきましては、私の同僚から引き続きご報告させていただきます。

執行の事前告知と恩赦

法務省：

委員から死刑確定者に対する事前告知、恩赦についてご質問を受けましたので、お答えいたします。事前告知については、リスト・オブ・イシューズ問13に対する日本政府回答のうち、センテンス番号113から115までのとおりです。恩赦については、番号122から126のとおりであります。

死刑確定者と弁護士との面会立会

次に、2013年12月の最高裁判決後に変更した点についても、ご質問いただいておりますのでお答えいたします。最高裁判決を受けて、職員の立会などを省略することにより、刑事施設の規律及び秩序を害する結果を生ずるおそれがあると認められ、または死刑確定者の心情の安定を把握する必要性が高いと認められるなど、特段の事情がない限り、立会等をすることは相当ではなく、個別の事情を慎重に検討するように通達を出しているところです。

性的志向にもとづく差別

続きまして、レズビアン・ゲイ・バイセクシュアル・トランスジェンダーの方々の人権に関するご質問もいただいております。これについても同僚からお答えをいたします。

レズビアン・ゲイ・バイセクシュアル・トランスジェンダーに関して、お

答えを申し上げます。関連するリスト・オブ・イシューズは問8でございます。法務省の人権擁護機関では、人権相談所を設けるなどして、性同一性障害の問題を抱える児童やその関係者からの人権相談に応じております。

そして、人権侵害の疑いのある事案を認知した場合には、速やかに調査し、事案に応じた適切な措置を講ずることとしています。

また、法務省の人権擁護機関では、「性同一性障害を理由とする差別をなくそう」を啓発活動の年間強調事項の一つとして掲げ、1年を通じて全国各地で啓発冊子の配布などの各種啓発活動を行っています。さらに、精神保健福祉センターなどにおいても専門相談を行っています。

また、学校教育においては、性同一性障害の児童について、個別の事案に応じたきめ細かな対応が行われることが必要であると考えています。

文部科学省においては、各学校において学級担任や管理職をはじめとして、養護教諭、スクールカウンセラーなど教職員が連携して、保護者の意向にも配慮しつつ、児童生徒の実情を把握した上で相談に応じています。

また、必要に応じて関係医療機関との連携を求める旨の通知を都道府県教育委員会などに2010年4月に発出しています。

性同一性障害者の性別の取扱いの特例に関する法律

さらに、続けまして性同一性障害者の性別の取扱いの特例に関する法律についてもお尋ねをいただきました。

この法律につきましては、委員ご指摘のとおり2004年7月に施行されたものですが、性同一性障害の方の人権に配慮した改正を2008年に行っております。制定当初の規定では、親子関係の秩序の混乱防止、子の福祉への配慮の観点から戸籍上の性別変更に必要な要件として、現に子どもがいないことという規定を置いておりました。

これにつきまして、2008年にそれを現に未成年の子どもがいないことと変更し、性同一性障害者の方々の人権に配慮した改正を行っております。

袴田事件

袴田氏の事件に関しても、お尋ねをいただきました。同僚からお答えをいたします。

法務省：

　委員から、袴田事件が無罪になったとのご指摘がございましたが、袴田事件につきましては、本年3月27日、静岡地裁におきまして再審開始決定がなされ、本年3月31日、この決定に対して検察当局が即時抗告を申し立てており、現在、即時抗告審が係属中という状況でございます。

　また、袴田事件におきまして、袴田氏について勾留が長期間であったとのご指摘もいただきました。この点につきまして、日本の刑事訴訟法上、起訴前の勾留期間は内乱罪等の一定の罪を除きまして、最長で20日間であり、ご指摘の事件についても例外ではございません。

　なお、本件につきましては、現在、即時抗告審係属中でございますので、事件の内容に関わるご質問については、お答えは差し控えさせていただきたいと思います。

被疑者勾留制度

　勾留期間について、短縮をすべきではないかとのご指摘もいただきました。諸外国の中では、捜査を行うにあたって被疑者を逮捕することを原則として、必ずしも裁判官の事前審査を必要とせず、捜査官の判断で相当な嫌疑があれば被疑者の逮捕が行われる国や、捜査段階の勾留が数か月以上にも及ぶ国もあると承知しております。

　しかし、我が国におきましては、在宅捜査を原則としており、現行犯逮捕などの例外を除きまして、被疑者の身柄拘束は罪証を隠滅し、または逃亡すると疑うに足りる相当な理由がある場合に限って、裁判官による厳格な審査の上でのみ許容されております。

　こうした裁判官による身柄拘束の審査は、逮捕、勾留及び勾留延長の各段階で必要とされており、被疑者の身柄拘束は裁判官が厳格な審査により認められた場合に限って行われています。

　さらに被疑者は、裁判官または裁判所に対して、勾留や勾留延長の裁判に対して不服を申し立て、あるいは勾留後に勾留の理由や必要が失われたとして取消を求めるなど、勾留及びその期間が適法かつ妥当であるかの審査を求めることができるものとされています。

　以上のとおり、我が国の刑事訴訟法におきましては、被疑者の勾留は厳格な要件のもとで、幾重にも司法審査を経た上でなされなければできないこととされておりますから、捜査段階における最長でも20日間の被疑者の勾留

期間が長すぎるとは考えておりません。

被疑者取り調べと録画・録音

　さらに、刑事事件における被疑者の取調べに関するお尋ねもたくさんいただきました。これについても、同僚からお答えをいたします。

法務省：
　では、お答えいたします。取調べへの弁護人の立会についてのご指摘をいただきました。取調べへの弁護人の立会につきましては、この自由権規約上直接に要請されるものではないと考えております。
　そして、現行法の運用といたしまして、被疑者の取調べに弁護人の立会を認めるかどうかは、取調べを行う警察官、または検察官において取調べの機能を損なうおそれ、関係者の名誉及びプライバシーや捜査の秘密が害されるおそれなどを考慮して、事案に応じて適切に判断すべきものであり、弁護人が立ち会うことを一律に認めるのは相当でないと考えております。
　また、我が国の刑事司法手続におきましては、諸外国で認められているような司法取引や会話の傍受などの強力な証拠収集手段がほとんど認められていないことなどから、被疑者の取調べは、事案の真相を解明するため最も重要な捜査手法となっており、非常に重要な役割を果たしているという状況でございます。
　また、有罪率が非常に高いということが問題点であるということ、また自白に依存しているのではないかというご指摘もいただきました。この点につきましては、リスト・オブ・イシューズ15番のHの回答、パラグラフ166、167、168のとおりでございます。
　引き続きまして、取調べの録音・録画についてご回答をさせていただきたいと思います。この点につきましても、リスト・オブ・イシューズの問15のAに対する回答で答えておりますとおり、検察において、取調べの録音・録画についての試行を行っているところです。
　さらに、本年10月1日以降、これまでの試行の4種類を本格的な実施に移行させるとともに、新たな試行として公判請求が見込まれる身柄事件の被疑者について、必要と考えられるときは、罪名の限定なく録音・録画を行うとともに、被疑者参考人の取調べの録音・録画も行うこととしたところであります。

取調べの録音・録画につきましては、法制化についての議論もしております。法務大臣は、2011年5月、その諮問機関である法制審議会に対して、取調べの録音・録画制度の導入を含め、時代に即した新たな刑事司法制度を構築するための法整備のあり方について諮問を発し、同年6月、その調査審議を行うため、この審議会に新時代の刑事司法制度特別部会が設置されました。

　この特別部会は、有識者、弁護士等を含む委員によって構成されているものです。この部会におきまして議論が行われてきましたところ、今月、委員の総意によって答申案が取りまとめられ、今後法制審議会の総会におきまして調査・審議が行われる予定です。

　この特別部会の答申案におきましては、まずは取調べの録音・録画の必要性が最も高いと考えられる類型である裁判員制度の対象事件と検察独自捜査事件を対象とすることにしております。

　その上で、試行後、一定期間を経過した段階で、録音・録画の実施状況についての検討を加え、必要があると認めるときは、その結果に基づいて、必要な措置を講ずる旨の規定を設けることとされています。

　この背景といたしましては、特別部会の審議の過程で全過程の録音・録画を義務づけることによって、取調べや捜査の機能にどのような影響が生じるかにつき懸念があり、また制度の実施には、相応の人的・物的負担を伴うことなどを理由として、多くの事件を対象とすることへの強い反対が示されたということがございます。

　取調べにつきましては、引き続き同僚からご説明させていただきます。

警察庁：
　警察庁です。シャニー委員から、取調べについてお尋ねがありましたので、それについてお答えいたします。まず、取調べの録音・録画について、警察としては、当面は裁判員裁判対象事件と知的障害者にかかる事件を対象として、実施している現在の施行の枠組みの中で、さらに積極的に録音・録画に取り組むことにより、知見を蓄積していく必要があると考えています。

　また、録音・録画の対象とする場面については、2012年4月に対象を拡大して実施しているところであり、検察官への送致前における被疑者の弁解を録取する場面や、否認している被疑者に弁解を尽くさせる場面なども、試行の対象として含まれています。

　次に、警察における取調べの監督制度についてお答えします。警察捜査に

おける取調べの一層の適正化を図るため、2008年、被疑者取調べ適正化のための監督に関する規則が制定され、被疑者取調べにおける監督制度が設けられました。この規則では、取調べにかかる不適正な行為につながるおそれのある行為を監督等対象行為として規定しています。

例えば、被疑者に直接または間接に有形力を行使することや一定の動作、または姿勢をとるよう強く要求することが監督対象行為にあたります。こうした監督は、捜査部門以外の部門において調査を行いますが、仮に対象行為を認めた場合には、取調べを中止させることができることになりました。

取調べの時間制限

また、取調べの時間制限については、従前から内部規則により長時間の取調べや深夜の取調べを避けることとされていましたが、それに加え、取調べ監督に関する規則により、午後10時から翌日の午前5時までの間に被疑者取調べを行う場合や、1日につき8時間を超えて被疑者取調べを行う場合、警察本部長等の事前承認を得ることとされており、これに違反するときは、取調べの中止の措置が講じられることになりました。

自白の任意性

次に、取調べについて、個別事件のお尋ねがありましたのでお答えします。いわゆるPC遠隔操作事件において、自白した方に対する取調べについてのお尋ねですが、事件を管轄する警察が捜査状況の検証をした結果、取調官による脅迫といった自白の強要行為は確認することができませんでした。

それから、手錠をしたままの状態での被疑者の取調べについてもお尋ねがありました。取調べの際に、被疑者において手錠を施されたままであるときは、過去の判例において供述の任意性に疑いを差し挟むべきとされており、そのような取調べは一般的に行われることはないと承知しています。

ムスリム監視

引き続き、警察庁からお答えいたします。話題を変えます。昨日、インターネットにムスリムの方々の個人情報が掲載されたことについて質問がありましたので、お答えいたします。警察としましては、公共の安全と秩序の維持

という責務を遂行するため、法令に従い、必要な情報収集活動を適正に行っております。ただ、情報収集活動の詳細につきましては、今後の警察活動に支障が生じるおそれがありますので、お答えは差し控えさせていただきます。

補償につきましては、個人情報がインターネットに掲載されたムスリムの方々に対する補償、これにつきましては、国家賠償請求訴訟が係属中でありますので、その推移を見ながら今後適切に対応してまいりたいと考えています。

補償とは別に、警察では、コンタクトをとることが可能な方、その方々とは諸事情を勘案して、個別に面会するなどの取り組みを行っております。今後とも、これらの取り組みをしながら、個人情報が掲載されてしまった方々に対する支援などを誠心誠意行ってまいりたいという考えであります。

代表団長：

次に厚生労働省から、回答をいただきます。

外国人への国民年金の適用

厚生労働省：

厚生労働省でございます。外国人への国民年金の適用についてのご質問についてのお答えをしたいと思います。

リスト・オブ・イシューズの9番についての質問でございます。我が国の年金制度では、国籍要件の撤廃に関して設けられた措置についてのご説明です。

まず前提として、我が国の年金制度は、年金給付を受けるためには加入者であった期間の合計が一定年数以上必要であるという方式をとっております。そのため、経過措置では、日本国籍を取得した方などについては、1961年から1981年までの期間のうち、20歳以上60歳未満であった期間については、受給資格期間として参入をしております。

そのため、委員がおっしゃっていたような当時35歳以上であった外国人の方は、年金を受給することができないのではないかという問題は、必ずしも起こらないものと認識をしております。

次に、受給人数のデータについては把握をしておりません。これは、年金の手続にあたって、あえて国籍については問わないこととしているためです。

マイノリティへの雇用支援

　続きまして、マイノリティの方、特に部落民の方の雇用の支援について、ご説明をいたします。リスト・オブ・イシューズの6番の関係です。我が国では、職業紹介に関しては差別的な取り扱いが法律で禁止されています。また、企業の採用選考に関して、応募者の能力を基準とした選考を行うよう指導を行っております。こういった取り組みを通じて支援を行っております。

男女間賃金格差

　引き続きましては、男女間賃金格差の原因について質問がありましたので、お答えします。関連するリスト・オブ・イシューズは問6です。原因としては、我が国の女性労働者が男性と比較して勤続年数が短いことや、管理職の割合が低いことがあげられます。
　この背景として、妊娠や出産を理由に女性が仕事を辞めてしまうこと、そして管理職に就ける知識や経験などを有する女性が少ないことがあります。そのため、政府としては女性の活躍を促進するための取り組みを支援しております。

妊娠や出産を理由とする不利益な取扱い

　引き続きまして、妊娠や出産を理由とする不利益な取扱いがあった場合に、政府としてどのようなプロセスを踏むのかについて、質問がありましたのでお答えします。こちらも関連するリスト・オブ・イシューズは問6です。妊娠や出産を理由とする不利益取扱いは、法律で禁止がされております。そのような取扱いがあった場合は、国の機関が事業主に対して是正指導や勧告を行っております。勧告したにも関わらず従わなかった場合には、企業名を公表することと法律で規定をしております。

職場でのセクシュアルハラスメント

　引き続きまして、職場でのセクシュアルハラスメントが、日本の法律で犯罪化されていないのかについて質問がありましたので、こちらも回答いたします。こちらは、リスト・オブ・イシューズの問6のパラ44のとおりでご

ざいます。以上です。

精神病院への強制入院

　続いて、リスト・オブ・イシューズの11番、精神保健医療福祉について回答いたします。2人の委員の方からご指名いただきました。3つにまとめてお答えいたします。まず、自発的入院と非自発的入院についてお答えします。
　精神障害者の入院にあたり、精神科病院の管理者は任意入院が行われるように努めなければなりません。そして、任意入院をしている者から退院の申し出があった場合において、精神科病院の管理者は、その者を退院させなければなりません。
　一方、措置入院及び医療保護入院は、本人の同意に基づかない入院形態であることから、精神障害者の人権を保護するため、入院時の手続を厳格に定めています。さらに、非自発的入院者につきましては、各都道府県に第三者機関として設置されている精神医療審査会において審査を行い、その結果に応じて、退院命令等の必要な措置を講ずることとしております。
　次に、長期に精神科病院に入院している精神障害者についてと、その行き先としてのグループホームについて、お答えいたします。
　まず、長期入院精神障害者の地域移行は重要な課題と認識しております。そのため、精神障害者が早期に精神科病院を退院することができるよう、精神障害者を医療保護入院させている精神科病院の管理者に、精神障害者の地域生活への移行を促進するための措置を講ずる義務を課したところであります。
　これに加えて、長期入院精神障害者の地域移行に向けた具体的方策について、検討を行いました。検討にあたっては、本人の意向を最大限尊重する。居住の場の確保等の地域生活の支援などを徹底することを実施することとしております。

グループホームにおける虐待

　また、グループホームは、障害のある方が自らの意思によって選び、地域の中で家庭的な雰囲気の中、共同生活を行う住まいの場でありまして、病院とは環境が異なります。運営は、主に社会福祉法人によって行われていると

ころであります。長期入院の地域移行達成の時期について、はっきりと示すことは難しいですが、その実現について努力してまいりたいと思います。

　３つ目です。グループホームにおける虐待があるのではないか。それの取り組みについての質問がありました。2012年から執行されている障害者虐待防止法では、都道府県や市町村は、グループホームの適正な運営を確保することにより、障害者虐待の防止を図るため、改善勧告や措置命令等の権限を適切に行使するものとされております。

　厚生労働省では、障害者虐待の早期発見と未然防止のため、マニュアルを作成し周知しております。各自治体に対する虐待防止や、虐待が発生した場合の対応に関する体制整備に要する経費の一部について、国庫補助しているところであります。今後とも障害者虐待の未然防止・早期発見のため、自治体、事業者の取り組みを支援してまいります。以上です。

代表団長：
　続きまして、内閣府からお答えをお願いします。

政治分野における男女共同参画

内閣府：
　内閣府男女共同参画局です。リスト・オブ・イシューズの６に関連して、男女共同参画の推進についてのご質問にお答えいたします。まず、政治分野における目標の達成に向けてについての取り組みについて、ご説明いたします。

　2011年より、内閣府の男女共同参画担当大臣から、各政党に対して国会議員の選挙における女性候補者の割合などが高まるよう、諸外国の事例を示して要請を行っております。

　次に、企業における女性の活躍促進に向けての取り組みについてです。安倍総理自身が、経済団体に対して直接上場企業における役員管理職への登用、自主的な目標設定を要請しております。

　企業のインセンティブを高めるために助成金や税制優遇、企業における女性の役員管理職の登用状況に対する情報開示の促進を行っております。公共調達及び補助金については、今年６月に改定された日本再興戦略において女性の活躍推進に取り組む企業を適切に評価すること等を盛り込んだ取り組み指針を策定し、受注機会の拡大を図ることにしております。

次に、第3次男女共同参画基本計画の進捗に関するリサーチ、モニタリングについて、ご説明させていただきます。男女共同参画会議の下に、監視専門調査会を設置しております。監視専門調査会は、基本計画の施策の実施状況や数値目標の達成状況について、モニタリングし、取り組みの強化を働きかけております。

ドメスティック・ヴァイオレンス

続きまして、リスト・オブ・イシューズの7に関連して、ドメスティック・ヴァイオレンス対策の質問についてお答えさせていただきます。被害者の保護及び自立支援については、配偶者からの暴力防止及び被害者の保護に関する法律及び基本方針に沿って、関係機関が連携しながら取り組んでいます。

配偶者暴力防止法は、昨年の改正により生活の本拠をともにする交際相手からの暴力及びその被害者についても適用対象となりました。また、被害者についてのカウンセリング相談については、全国各地の配偶者暴力相談支援センターや婦人相談所等において、夜間や休日を含む開設時間の拡大など、体制の充実や強化を図っているところです。

保護命令発出までの期間が長いとのご指摘がありました。認容された保護命令事件の平均審理期間は12.8日です。法律で相手方に対する審尋を経ることが要件とされているため、一般的な流れで審尋が行われた場合、発令までは1週間から10日間を要しています。

しかしながら、相手方に対する審尋期間を経ることにより、保護命令の申立の目的を達することができない事情がある場合には、裁判所は当該期日を経ないで発令しております。保護命令違反の検挙件数、データについてですが、2013年には110件です。強姦罪の非親告罪化についてのお尋ねがありましたが、リスト・オブ・イシューズの7、パラグラフ64の回答のとおりです。

それから、ドメスティック・ヴァイオレンス被害を受けた外国人に対する在留資格変更の許可件数について、お答えします。入国管理局が把握した在留資格の変更または在留期間更新の申請を行った方は、2011年が49人、2012年が53人ですべて許可しております。2013年は、52人からの申請のうち51人を許可しております。

代表団長：

　議長、昨日の残りの質問に対しての政府からの回答は以上でございます。

議長：

　代表団に、深く御礼を申し上げたいと思います。また、質問からすぐにご返答をいただいたことに対しても、感謝の意を表明したいと思います。昨日も今日もそうでございました。私の希望としては、ランチタイムまでに終了できることを、まだそういう希望を持っているということです。

　それでは、フォローアップの質問と2番目のラウンドの質問等を組み合わせて、16から28の質問のラウンドと組み合わせて行いたいと思います。リストにある同僚に対して、このラウンドのフォローアップの質問をお願いしたいと思います。時間的な要素を十分に考えて、できるだけ簡潔にお願いしたいと思います。私のリストにある最初のスピーカーは、ザイバート・フォー氏です。フォーさん、どうぞ。最初のご質問どうぞ。

強制改宗

ザイバート・フォー：

　まず、私の昨日申し上げた質問に対して、お答え頂きましたことに、代表団に御礼申し上げたいと思います。私の今日これから申し上げる問題について、既にある程度の明確化を書面での回答をいただいておりますので、できるだけ簡単にお話ししたいと思います。しかしながら、申し上げざるを得ないのですが、表現の自由と情報について、思ったより簡単には申し上げられないのです。

　その前に、リスト・オブ・イシューズ16の問題について、まず簡単に申し上げたいと思います。統一教会とエホバの証人の成人の信者から、家族や離脱プログラマーによる拉致、監禁及び強制改宗に対する苦情を受けております。政府のお答えではそういう認識はないということなのですが、これは民事裁判所に持ち込まれているケースもあるのです。申し立ては次のようなものです。

　世間でいうところによれば家族のメンバーにより拉致され、そして秘密のアパートやその他の収容の場所に連れて行かれ、1か月から6か月、時にはもっと長期間に亘り逃げられないように監禁されるというようなものです。捜査が行われず、家族と一緒にいることからこれらの人々が行方不明とは見

なされず、捜索が行われていないという点に関してが主な苦情です。既に述べましたように、民事訴訟が民事裁判所などに持ち込まれておりますが、これに対しての差し止めなどがこれまでに出ていないということのようです。日本としては、どういうステップをとってこういう情報に対して対応しようと思っておられるのでしょうか。

表現の自由

議長、それでは意見そして表現の自由について、そしてどの程度これら制約可能であるかという問題について触れたいと思います。規約によって、これらの権利の制約は、他者の権利又は名誉のために、あるいは国家の安全、公の秩序、公衆衛生、或いは道徳的な観点から必要とされることを規約が求めていることを、我々は知っております。しかしながら、日本の憲法、特に13条の文章は、もっと広くなっており、もっと一般的に公共の福祉に言及しております。規約13条の3項において特定された理由を超えてさらに広範な理由に基づき、意見そして表現の自由が制約されないようにするために、どういうステップをとっておられるのか伺いたいと思います。

これは理論的な質問のように聞こえるかもしれませんが、そうではないのです。こういう広い公共の福祉という言及が法律とともに広範な制約を許しているということと、そして司法審査が非常に限られているということが懸念の対象なのです。

特定秘密保護法

もっと具体的に言うならば、最近の例を挙げてみたいと思います。この問題は、昨年秋にリスト・オブ・イシューズを採択した後に起こった問題に関してです。しかしながら、我々が質問をした問題に関するものであり、そしてかなりの懸念を生んでいる、そういう問題なのです。私が言っているのは、特別秘密保護法の採択と、規約19条により保護された権利に対するその影響についてです。

この問題について、議長、一般的意見34を思い起こしていただきたいのですが、この一般的意見は、規約19条2項は、公の機関によって保持されている情報に対するアクセス権を包含していることを認めているのです。一般的意見は、情報へのアクセスを提供することを否定する場合には、十分に

理由付けられなければならず、許否に対する異議の制度を具えていなければならないと規定しています。規約19条の3項は、制限を規定しているのですが、一般的意見は、以下のことを強調しています。公の秘密と称されている国家の安全に関連する規定は、3項の厳格な要求に適合するような方法で、国家によって特別な配慮が払われなければならないということを強調しています。

　要約すると、こういう法律は明確な文言で規定されなければなりません。しかしながら、この新しい法律の翻訳を読む限り、この法律の適用範囲がどのぐらいの範囲のものかということを理解するのに困難があることを理解したのです。法律は何が秘密として指定されることができるのかということもはっきり定義していないように見えます。法律に添付された表の目的を見る限り、非常に広いように思われます。防衛、外交、そしてテロの防止、そして指定された危険活動と、これが何を意味するかわかりませんが、そんなことまで述べられております。

　さらに、分類する基準が私には明確ではありません。これは由々しきことなのです。秘密を入手し、この秘密情報を開示した人に適用されるように思われる、分類された情報を開示したことに対する罰則として10年までの懲役刑があると考えたならば、特に心配であります。これは規約24条に関連しています。こういう規定がメディアに対しては非常にこれを恐れさせる行為であります。この法律の22条はニュース報道の自由をうたっています。しかしながら、この規定の具体的な意味が私には明白ではないのです。一般的意見によりますと、秘密規定により、ジャーナリスト、研究者、環境活動家、人権活動家或いはその他の人々を、分類された情報を流布したことによって起訴する際に、秘密法を援用することは、規約19条と両立しないのです。

　この前提に基づく私の質問は次のようなものです。日本としては、この法律が19条に即した形で適用されることをどうやって確保なさるのでしょうか。法律によって保護されない個人を起訴することに繋がる指定は、国家の安全或いは公の秩序を保護する為に必要でありかつ比例している時にのみ、行われることを確保するためのセーフガードはあるのでしょうか。私は、特定秘密の保護の法律の採択と規約19条に基づき保護された権利に対するその法律の影響について言及しているのです。この問題に関して、議長、規約19条の2項が、公の機関が所持している情報へのアクセス権を包含していることを認めている一般的見解34を指摘したいのです。

少数民族

　議長、20の問題に話を進めたいと思います。少数民族の権利であります。規約27条によりますと、少数民族、宗教的なあるいは言語学的な少数民族は、他のコミュニティのメンバーと共に、自らの文化を享受し、そして言語を使うことを保障されるということになっています。この委員会の前回の総括所見において、沖縄の人々が固有の民族であるということを承認しないということは、この権利に対し有害なものであるとの懸念が示されました。委員会の一般的見解23を思い起こしていただきたいのですが、それによると、これは民族的、宗教的或いは言語学的少数民族の存在に関するものですが、それによるとある特定の国における民族的、宗教的あるいは言語的少数民族の存在は、国家による決定に基づいているのではなく、客観的な基準によって確立されるべきことを要求しています。この一般的意見によると、少数者のアイデンティティを保護するための積極的法的な保護施策と、自分達の文化や言語を享受して、それを発展させていくための、その構成員の権利を保護しなければならない。自らの文化、言語を楽しみ、そして発達させていくということが要求されています。この目的からして、これらの少数民族が、他の市民と同じ権利を享受しているということだけでは不十分なのです。土地の資源などを利用するということに関連した積極的な手段をとって、特定の生活様式を保護しなければならないということなのです。

　したがって、伺いたいのですが、どういう積極的な措置を日本はとって、保護をするのでしょうか。アイヌや琉球沖縄の人々の文化的な遺産と伝統的な生活様式をどうやって保護し、保存し、そして推進するためのどのような積極的手段を国家が採用するつもりなのかについて知りたいのです。日本としては、子供に対して、彼らが言語について教育を受け、文化の教育を受けるということを確保するための十分な機会を提供することを計画しているのでしょうか。

　議長、時間制約があるのでここでやめたいと思います。時間をたくさんとったことに関してお詫び申し上げたいと思いますが、私には、私が申し上げたこれらの問題は、注目に値する問題であり、特に注意をはらうべきであると思います。お答えいただければ幸いです。

議長：
　フォーさんありがとうございました。次はニューマンさん、お願いします、

どうぞ。

再婚禁止期間

ニューマン：

　議長ありがとうございます。代表団の皆様方、私の質問に対する、もっと広く言えば我々の質問に対してくださいました回答に対して感謝致します。いくつかの回答において表現された人権という概念が、人権というものを尊重することによって不利益が発生する可能性がある場合には、人権はより価値があるということが明確になったことを指摘せざるを得ません。例えば私の質問の一つを使用しますが、離婚後女性そして女性だけが6か月間再婚が許されないというのも、もしかしたら子どもが生まれるかもしれず、誰が父親であるかについて疑いが生じる可能性があることからです。20年前にこれは議論としてとても弱かったわけです。そして、今であれば、代表団の皆様方、DNAの技術がどれほど進んだか、十分にご存じでありましょう。人権の制約をこのような理由によって正当化することは、規約では認められていません。

難民とノンルフールマン原則

　次に、18と19の問題に移りたいと思います。18は、ノンルフールマンの原則の認定手続きについてと、実際に退去強制命令を身体的に行う際の手続きに関連するものです。代表団の皆様の書面での回答に感謝致します。委員会は、難民条約それ自体との適合性を監視しているのではなく、この規約との適合性を監視しているのです。この規約の7条によって定められているノンルフールマンの原則は、個人が、難民条約に基づく特定の基準に合致するか否かに拘わらず、個人が、送還される国へ戻れば、拷問、或いは非人道的取扱を受ける現実的な危険に直面している時に適用されるのです。

　締約国から私が受けた回答とNGOからの情報による印象は、形式的に言えば、日本の法律は、拷問、残虐な或いは非人道的或いは品位を貶める取扱いへ戻ることを禁止していますが、難民申請における法的手続きは、この点を含んでいないようです。入国管理官が、一方的にその決定を行い、拷問を恐れている人は、この点について法的或いは事実に基づいた申立を行う権利がないということです。難民参与員もこの点について言及しないのです。

この印象で合っているのでしょうか。もしそうであれば、単に難民条約に違反しているというよりは、むしろ規約に違反している送還の危険について個人が聴聞を受けることができる法的手続きを、国家は何故提供していないのでしょうか。

　入国管理官によって難民申請が却下された人々に対する独立した異議制度の創設に関する質問をしました。回答は、難民参与員に言及されました。しかしながらこの委員会が、2008 年に指摘したように、難民参与員は、法務大臣に対し助言するだけです。我々は、法務大臣は常に難民参与員の助言を受け入れるのではなく、事実、2013 年度には難民の地位を認めるいくつかの助言を拒否しています。

　この点で NGO からは難民参与員の独立性に関する懸念が表明され、参与員は意思決定を行う権威を何らもっておらず、例え参与員は独立しているとしても、それは本当に独立した異議申立手続きではないと主張しています。異議申立は、法務大臣宛になされるからです。何故、締約国は独立の機関、仕組みをつくらないのでしょうか。また、いくつかの NGO からの報告によると、2014 年における新たな立法提案について言及しています。その中で聞いた情報によると、執行されているかもしれません。新たな法律が施行されていますか。もしそうであれば、ぜひ代表団から書面で教えていただきたいです。質問 18、19 に関連した変化について、その中で保護が増したのか或いは減じたのかについて、できる限り時間を使いたくはないので、書面で教えていただければと思います。

　そして、唯一独立した異議制度は、本当に、裁判所に送還を停止させることを求める訴訟しかないように思われますが、この手続きは準備が簡単ではなく、裁判所が事件に理由があると決定して送還を停止する仮の命令を出すのを決定しなければ、そして決定するまでは、申立者は、脆弱にも送還されるのです。なぜ、ノンルフールマン原則の要求に関する全ての法律的な手続きが決定されるまで送還を中止することをしないのでしょうか。そして規約の第 7 条に基づいてしっかり個人のリスクを確認するということを国の方針として明示されないのでしょうか。私はこの第 1 の質問部分にかなり時間を取ったことに気付いております。残りの部分はもっと早く行います。

　質問は、退去強制手続の際の不適切な取扱い及び、そのような不適切な取扱いを受けた個人に対する救済に関連しても行いました。この質問は、2010 年にガーナに送還されている最中に、拘束器具を付けられている間に亡くなった、2010 年の出来事に大いに影響されています。この出来事から

の教訓は何だったのか。死亡したか否かに拘わらず将来類似の不適切な取扱いを防ぐために何がなされましたか。

入管収容施設

リスト・オブ・イシューズ 19 は、難民申請者の収容について質問しました。難民申請書を提出した後、比較的少ない人たちが収容されていることを示すために長々とお答え頂き代表団に感謝致します。締約国が質問の趣旨を誤解していたら申し訳ないのですが、これは難民に対する差別ではなく、むしろ個人的な自由に対する権利に関係しています。相当長期間にわたる収容は、個人が公共の安全に対して危険を生じさせていて収容に変わる代替措置では不十分であると個別に決定された結果であるか、或いは逃亡の危険があり、他の代替手段によっては、防ぐことができないという場合にのみ、そしてそのような結論においてのみ許されるべきであり、そうでなければ、収容は恣意的であります。

長期間に亘って難民申請者を収容する際に適用される基準があることを、政府の報告書は示していません。事実、いくつかの NGO の資料は、明確な基準は何もなく、行政職員の恣意により決められること、個人が何故自分が収容され続けているかについて知ることを、個人に可能とするような理由が何も与えられず、収容の合法性について法的見直しを行いやすくするための理由を与えられないことを示しています。規約9条4項は、そのような法的見直しを要求しています。現在の実務がどのようにしてこの規約9条と合致しているのかについて、さらには子供の収容についても、その基準はさらに厳しいものになるのですが、代表団から説明していただきたいです。ありがとうございます。

議長：

ニューマンさんありがとうございました。次は、マジョディナさんです。どうぞ。

マジョディナ：

ありがとうございました。議長。私のほうからも代表団に、私の従前の質問に対する回答に対し御礼を申し上げたいと思います。いくつかフォローアップの質問をいたしたいと思いました。しかしながら、時間の制約がある

ので、リスト・オブ・イシューズ 22 と 25 に触れたいと思います。

慰安婦

　22 についてですが、第二次世界大戦前そして大戦中に大日本帝国陸軍により利用された制度化された性的奴隷制度は、性奴隷の犯罪の中で最も切実な例であり、被害者に対する正義が否定された例とされています。1990 年代から、最近の日本の UPR に対する人権理事会の勧告を含み多くの報告書や勧告において、日本は、国際法に基づく戦争責任を担っていないという批判が行われてきました。2012 年以前にも、常にこのトピックは、国連機関によってフォーカスされております。何らかの救済を被害者に、そしてその家族に与えるべきだという非難なのです。

　この委員会も、2008 年の日本の第 5 回定期報告書審査の総括所見においても、同じ結論を出しています。総括所見は私どもの現在のリスト・オブ・イシューズ 22 において提出した質問の基礎となっています。現在の 6 次の報告の中にも、日本の見解としては常に日本はこういう見解なのですが、慰安婦の問題を現在のレビューの対象とするべきではないという日本の立場です。この報告においては、慰安婦の問題は、多くの女性の名誉、そして尊厳を傷つけたということは認めているにもかかわらずです。日本の法律的な責任は扱われておらず、完全な効果的な救済を慰安婦制度の被害者に対して行うための立法的、行政的な措置についての情報が出ていないわけです。この回答は、リスト・オブ・イシューズに対する書面回答においても記載されており、日本政府代表団長も昨日、日本の標準的な答えを繰り返しました。

　日本の政府が主張するのは、サンフランシスコ平和条約、その他の二国間条約を引用して、賠償に対する法的な責任と義務はもう既に履行済みである、戦争によって引き起こされた損害に対する賠償について日本は誠意をもって対応してきたと主張しています。1995 年に設立されたアジア女性基金、これは福祉、医療的な支援のための規定を具えていますが、この基金は日本がそのような信念を持つよい例としてしばしば引用されております。

　日本はもう既に戦後の請求に関しては戦争に巻き込まれてしまった国々との間で決着をつけているということを述べておりますが、しかしながらこれらの合意の、特に範囲と内容についての解釈の違いはあるのです。これらの合意に関する解釈の意見の相違はあるわけです。時間がないので詳細は割愛したいと思います。

私が申し上げたいこととしては、たくさんの勧告が国際機関によって常になされているにも拘わらず、慰安婦問題の解消に向けての進展が非常に少ないということですね。慰安婦の中にはもう亡くなられた方もおりますし、残っている人たちは非常に高齢ですが、まだ正義を求めています。
　生存している人たちの中には、どういう犯罪の被害にあったのかについて、そして性的な奴隷制度と正義を否定されたことに対する手段を求めて、非常に勇敢に発言した人たちもいます。これは継続して違反が続いたということなのです。この問題はずいぶん前に、第二次世界大戦のときに起きたということではありますが、まだ続いている問題なのです。
　法的な根拠ですけれども、かつて慰安婦であった人々の発言の法的及び論理的根拠は強いものであります。日本は様々な意味で謝罪をしておりますが、その謝罪は今や、反論や矛盾した主張によって傷つけられています。少し前に、安倍首相は、1993年の河野官房長官の談話を見直すかもしれないことを示唆しました。今年の6月20日、日本の政府は河野談話の見直しを発表しました。見直しは、女性が強制的に連行させられたことを確認できなかったとして、強制的に連行されたという彼女らの主張に疑問があると述べて、犠牲者を信用できないとしています。見直しは当然に度を超えており、生存している数少ない被害者に対し甚大な苦痛を与えました。
　他方で、学者や研究者は、慰安婦制度における日本軍の直接的組織的な関与を示す公的な書類を発見し続けています。1993年の謝罪文において、日本の当局は、歴史的なこの事実を真っ向から受け止め、歴史の教訓として認めています。20年以上経過して、日本は最初の教訓として、この婉曲的な文言である「慰安婦」という言葉をやめ、彼女たちが強制された性奴隷であると認めるべきだというふうに思うのです。議長、この問題は非常に大きく、複雑で、常に論争を醸すものであります。時間の制約もあるので、あまり時間をとりたくないと思うのですが、次の問題を提起したいと思います。
　まず、河野談話において述べられているように、日本軍が、この慰安婦の働く場所の設置と管理に直接的・間接的に関与したというのが、現在でも日本の政府の立場ということでしょうか。もしそうであるならば、これらの女性の人権が侵害されたことに対し、国家に直接的な責任があります。第2に、権利の所持者として、そして国の要員が参加した深刻な人権侵害の犠牲者として、この慰安婦であった人たちは効果的な救済を与えられるべき権利があります。日本において、これらの犠牲者に対して、どのような救済が利用できるのでしょうか。第3に、過去において、いくつの司法的請求が日本の裁

判所に対し提出されたのでしょうか。そして、どういう結果がそこでは出されているのでしょうか。

人権侵害を受けた犠牲者には、救済が必要であって、感情移入、同情が必要なのではありません。救済される権利にはまず真実への権利というものが満たされるべきであって、そしてそれは多くの女性が求めているものです。そしてそうであるならば、調査機関を設置して、そして手中にある全ての情報と文書を開示するために、どういうステップを日本はとっているのでしょうか。救済の権利に含まれるのが、国による損害賠償への権利です。つまり、その損害に相応する額を裁判所が決め、国が支払うということです。

何人かの被害者が受け取った償い金ですが、これがその分類になると代表団は考えているのでしょうか。そして、救済の権利は、満足と再度これらの問題が繰り返されないという保障が与えられるべきです。少なくとも、1993年に公的な謝罪があったわけですが、被害者を侮辱し、1993年の河野談話において国が既に認めた人権侵害を否定する高級官僚、政治家の主張に対し反駁をするために、国はどんな措置をとったのでしょうか。そして最後にこの問題に対して、被害者に会って、公的な儀式において公式な謝罪をするために、国としてはどんな努力をしているのでしょうか。議長、もっとこれについて話したいのですが、慰安婦の問題を離れて、嫡出でない子に関するリスト・オブ・イシューズ25の問題に簡単に発言をしたいと思います。

婚外子

代表団の皆様に、書面及び口頭にて昨日、本日と我々に回答頂きましたことを感謝いたします。この点については、いくつかの動きがあったようでありますが、国籍法の改正があったようですが、それを考慮したいと思います。NGOが言うには、嫡出でない子の登録について導入された改正手続が、非常に負担が多い手続であり、そのため、地位の変更の申請に行く人が、母親にしても、嫡出でない子どもにしても非常に少ないと。法律が改正されたという事実の観点から、この問題が解決されるために立ちはだかっている障害は何であるのかを伺いたいのです。つまり、この問題が解決されるということの障害となっているのはどういうものなのでしょうか。現在では、家族登録に関する法律もある。しかしながら、NGOが言うには、これらの措置が執られたにも拘わらず、依然として、継続して、これらの差別があるわけです。

最後に、継続して移民の子どもに対して差別が行われているということに

関して取られた措置に対するお答えがなかったようでしたので、この点についてコメントをいただければと思います。

議長：
　ありがとうございました。マジョディナさんでした。次は、フリンターマンさんです。

規約の効力

フリンターマン：
　議長、ありがとうございます。まずは代表団の皆様方に、これまでに頂きましたわれわれの質問に対する回答に感謝致します。しかしながら、規約の日本の国内法における法的地位ということに関連して、2つフォローアップをさせていただきたいと思います。さらに明確化して言うと、規約が、日本において効力を持つようになって、これまでに35年が経過していますが、最高裁は規約の26条の自動執行力のみを明示的に認めたという私の理解が正しいのか否かについてが、私の一つ目の質問です。最高裁の判例からは、規約の他の条項も自動執行力があると認められているか否かが明らかではないのです。もしそうであるならば、議長、私は、日本政府が対策をとって規約に基づく全ての権利の自動執行力を推進するために何か行動を計画しているのか否かについて、知りたいのです。今朝、私の同僚のセイベルさんが表現の自由に関する19条の規定について言及しましたが、それなどについても、ぜひ直接適用できるように対策をとっていただきたいと思います。

個人通報制度

　次に、選択議定書についてですけれども、選択議定書の批准は、日本の国内法秩序の中における、この規約の存在性を高め、適用性を高めるために非常に重要な要素です。その点につきまして、時間的な枠組という意味で、選択議定書に対する加盟を決断するために、どういうタイムラインで行うのかについて、日本からコメントがなかったように思います。ここで大切なのは、この規約の存在性を高めるということだけではなくて、さらには日本の管轄下にいる全ての人たちに対して、国内的救済を尽くした後に、人権委員会に対して、規約違反の申立を提出できるようになるということにより、人権の

国内レベルでの保護、及び執行を高めていくということです。

国内人権機関

最後のフォローアップですが、昨日、リスト・オブ・イシューズに対する回答を注意して聞いていたのですが、よく理解できなかったことがあります。どんな制約が国内にパリ原則に基づく、すなわち、人権分野において広範な権限を持ち、独立してそして政府から十分資金を得ている人権機関を設立する上での阻害要因は何でしょうか。日本は、2年前にそのような機関を設立しかけていたように思えたのですが、まだあらゆるタイプの調査が行われています。そういう意味でもう一度今ある阻害要因は何なのかということを、日本の具体的な状況をご説明いただきたいと思います。以上が私のフォローアップの質問です。

その他に追加で、2つの問題に言及致します。奴隷の廃止、これはわれわれの規約の8条にあるものについて言及したいと思います。

人身取引

まず人身取引に関連した23の問題について言及します。この点で代表団の皆様方に、報告書そして特にリスト・オブ・イシューズへの返答、その中で人身取引対策行動計画2009に焦点をあて、その計画の枠組みの中で様々な施策が行われた旨の返答において提供いただきました情報に感謝申し上げます。人身取引対策行動計画2009の中での施策は、被害者特定を進めていく方針ですとか、専門家に対する様々なトレーニングであることについては、承知をいたしました。

しかしながら、他の情報源から提供された情報に基づき、この人身取引対策行動計画2009について、いくつか質問があります。日本のUPRのレビューの中で言われておりましたけれども、人身取引の被害者、特に女性と子どもですが、被害者を保護し、人身取引を鎮圧し、処罰するために、日本はパレルモ条約を批准することを助言されており、そしてその助言を日本は受け入れたと思うのですが、私の質問は、人身取引の根絶分野において重要な議定書を調印するために何か行っているのか否かということです。

特に、報告書を読んでも、リスト・オブ・イシューズに対する回答を読んでも、2009年行動計画がよって立つ人身取引の定義が何かが、明らかでは

ないように思うのです。よって、ぜひ代表団から2009年行動計画の基礎となっている、人身取引の定義についての正確な情報を頂きたいのです。

この質問をあげている理由としては、今のところ、何らの行動もとれていないと。特に労働搾取における人身取引の対策がとられていないとの情報が、われわれのところに来ているのです。実は2009年に政府の側からは、それも対策をとるというふうに言っていたわけですが、我々には、労働基準監督官に対して訓練が行われているか否かの情報がありません。

また、政府として、我々の姉妹条約機関であります拷問禁止委員会は、2013年に日本に対して勧告を行っているのですが、その勧告の一つを実行するために政府がどのような手段を行っているかについての質問です。その勧告を引用しますと、人身取引の被害者が誤って書類のない移民であると見なされ、そのように扱われ、救済あるいは賠償を受けることなく退去強制されることがないように明確な認定手続きを設けることについての勧告であります。また、人身取引の女性の被害者は、一時保護施設に入れることが本当に非常に少ないということで、特に、法律的な援助もないわけです。例えば、自分たちの権利を侵害した人々に対して賠償金を要求するための法的支援がないというわけです。

この問題に関する3つめの質問は防止法に関するものです。防止が如何に重要かです。日本政府が、性的搾取と労働搾取の両方の分野における人身取引の需用を根絶するために、どのような防止策を採っているのかということです。最後に、リスト・オブ・イシューズに対する回答において、人身取引の加害者に対して課せられている制裁について追加の情報提供を頂けなかったことを残念に思います。

技能実習生制度

それに続きまして24であります。こちらの24につきましても、やはり奴隷であったり、第8条に定める労働搾取であります。日本にある技能実習生制度、研修生の取り扱いであります。これは、2008年度の委員会から非常に懸念のある事項としてあげられております。

この点で代表団から提供いただきました情報と、悲惨だと言えなくとも、このプログラムにおいて、多くの移民労働者がおかれている脆弱な状況に取り組むために政府によって取られた手段について、再度、感謝申し上げます。

特に、2010年入国管理法と、それに伴って労働関連法及びその他の法制

について様々な変更が行われたという点に焦点をあてたいと思います。しかしながら、この技能実習生制度の枠組みの中で、まだ移民労働者に対する深刻な人権侵害が行われているという情報が、未だにわれわれのところに来ております。

　私は多数の情報源を引用することができますが、ホルヘ・ブステマンテ移民に関する国連人権特別報告者から来た報告を特に引用して申し上げたいと思います。ホルヘ・ブステマンテ氏は、2010年に日本が実施をしている移民政策の改正について、言及しています。ホルヘ・ブステマンテ氏は、再度以下のように述べております。引用しますと、「この実習制度の枠組みは実質的に変わっておらず、技能実習生が直接に効果的な救済制度にアクセスできるような仕組みが導入されていない」と報告しています。彼は非常に低廉な賃金、過剰労働、低額な報酬、或いは無報酬の残業、移動の自由と私生活への制限、暴力、場合によっては、性的虐待も行われている等に関する問題に言及しています。

　この制度に参加している技能実習生は、一般的には若い外国の技術インターンですが、死亡件数が高いとの情報に私は驚愕しショックを受けたと言わなければなりません。日本の多くの市民団体がこの制度の廃止を求めていますが、しかしながら、日本政府は、6月、つまり1か月前にも、この制度を拡大すると決めたと発表したとの情報を我々は得ております。NGOがこの制度の廃止を求めているだけでなく、ホルヘ・ブステマン氏は、日本政府に対して、技能実習生制度を廃止し、この制度の本来の目的である発展途上国に対する技能と技術を移転することを確保することを目指した、雇用制度に置き換えるよう勧告しています。

　こういう形で2段階にわたる質問になりました。まず1つ目として、日本政府は、短期では日本に訪れる移住労働者の人権を完全に保障するための取り組みとして、どのようなステップをとることを考えているのか。そして2つ目に、日本政府は、どのようなものであれ、ホルヘ・ブスタマンテ氏から提案され、勧告を受けている、現在のプログラムをいわゆる就業プログラムに将来的に置き換える計画があるのでしょうか。

規約に関する情報の普及

　そして最後に、議長、私からの最後の論点は、規約に関する情報の普及に関する28番の問題であり、代表団からご提供いただいた情報に、今一度感

謝申し上げます。こういった人権に関する研修というものは、非常に様々な公務員に向けて、国家レベル及び地方レベルの両方で実施されているということに注意をしてください。そして、研修の内容、資料、頻度等についての詳細な情報をいただければ、非常に興味深いでしょうが、今日は時間が許さないと思います。

　これほどすばらしい大人数で、すばらしい代表団に来ていただいておりますので、ぜひ第5回政府報告書の審査後に、われわれの2008年の総括所見に関して、何が起こったのかについて教えていただけると非常にありがたいです。総括所見は、日本語に翻訳されたのでしょうか。広く拡散されたのでしょうか。あるいは国会と議論されたのでしょうか。他の行政機関と議論されたのでしょうか。そのポイントも教えていただきたいと思います。ここで、国内人権機関について、再度主張しておきたいと思います。仮に日本において国内人権機関が存在していたとしたら、われわれの総括所見に関する上記のような議論を惹起するという重要な役割を担っていたことであろうと思っております。

　同様に、来週、我が委員会が総括所見を採択をするわけですけれども、この総括所見に関連する計画についての情報を共有していただきたいと思います。国会レベル、司法または行政機関との議論を惹起するための計画は何かあるのでしょうか。議長、2度目の私の質問は以上です。ご回答を伺えるのを楽しみにしております。ありがとうございました。

議長：

　フリンターマンさん、ありがとうございました。名簿によれば、次はシャニーさんです。シャニーさん、どうぞ。

セクシュアルハラスメント禁止立法

シャニー：

　ありがとうございます、議長。私が質問した事項についてたくさんのご回答をいただいたことにつき、日本代表団に再度お礼を申し上げたいと思います。しかしながら、代表団からお答えをいただいたものの、十分に満足のいくものではないと考えた、いくつか法的問題についてフォローアップとして取り上げたいと思います。

　この建設的な対話の目的は、特定の日本の法律及び慣行が国際的な基準に

準拠しているかどうかという点について意見を交換することが目的であると考えています。そこで、私からは、代表団に、これから申し上げるいくつかの問題について、規約との整合性という観点からのみにとどまらず、規約の条項に効果をもたらすための最も適切な措置をとる必要性という観点からも、詳細をご回答いただきたいと思います。

昨日議論となった男女共同参画の問題、すなわちリスト・オブ・イシューズの6番目の質問から始めたいと思います。1つ、法的な問題について引き続き追求したいと思います。セクシュアルハラスメントに関する立法についてです。なぜ、政府がセクシュアルハラスメントを禁止する立法を行うことに反対しているのかについては、代表団からご説明をいただかなかったと思います。これは、男女差別撤廃委員会（CEDAW）もその19番目の一般的意見において取り上げられていますし、2009年になされた日本政府報告書審査における総括所見でも言及されています。我々からのリスト・オブ・イシューズに対する代表団のご回答で指摘されていた刑事訴訟における強制わいせつ罪のように、今の法律で存在する規制では、十分に対応されていないのです。これは極端な形態のセクシュアルハラスメントにしか対応していないからです。ですから、代表団には、この点について、より詳細なご説明をいただきたいと思います。

ヘイトスピーチ規制立法

そして、私が提起する2番目の問題は、ヘイトスピーチの問題で、これはリスト・オブ・イシューズの10番目の問題です。締約国が、2つの相反する権利のバランスを図らなければならないというジレンマに直面しているというのは理解いたします。すなわち、言論の自由と社会において攻撃を受けやすい集団の保護です。私の質問は、表現の自由というのを保護しなければならないという締約国の憲法上の義務及び規約上の義務を理由に、刑法によっても民法によっても規制されていないヘイトスピーチは、どのようなものであっても罰せられずに済むのでしょうか。

私は、規約の20条によって、差別、敵意又は暴力の扇動となる国民的、人種的又は宗教的憎悪の唱道は、法律で禁止することが義務付けられているということを締約国に喚起したいと思います。私は、代表団から暴力を扇動するヘイトスピーチを抑制するという力強い公約についてはお聞きしましたが、これが差別とか、敵意の扇動となるようなヘイトスピーチについても同

様に抑制するという断固たる公約について締約国のご回答を伺ったかはっきりしません。

　一般的な考察として、民事訴訟に頼って、ヘイトスピーチに対する執行をするというのは、あるいは原因となる行為と損害との連鎖の発生に関する特定の法的な問題の有無に関わらず、被害者である個人が訴訟提起することができないような状況が生じるような問題を生じさせ得るとの見解を述べさせていただきたい。これこそが、締約国が刑法によってヘイトスピーチを規制することが好ましいと考える理由です。もちろん、国内法及び規約のもとにおいて、言論の自由を保障する義務は、保障されなければならないわけですが。

被疑者に対する法的支援と取調べ時間

　15番目の問題である刑事捜査に関連して、締約国から非常に詳細にわたってお答えをいただいたことを感謝いたします。ここで1つ、提起したいと思います。すなわち、被疑者が法的支援にアクセスする、法的支援を受けるという権利、そして取調べの時間帯を含む、時間に関する問題です。現在、日本の憲法は、何人も、被疑者に対する罪状についての事前の告知及び弁護士を直ちに呼ぶ権利の告知なしに逮捕または収容されないことを保障しています。

　私の質問は、この憲法上の権利は、被疑者が取調べのために警察に任意同行され、取調べを受ける場合にも保障されるのか否かという点です。また、代用監獄に勾留された被疑者が、逮捕から72時間の間、実際に取調べを受けている一方で、弁護士に会う権利が奪われるというのは本当でしょうか。そして、より一般的に、日本は、取調べの開始前も含めて、個人ができる限り早く弁護士に会う権利を有するという原則を認めているのでしょうか。

　私としては、この問題についての意見交換の中で、規約と既存の慣行との適合性という観点と、自白の強要という観点との双方から想起される懸念に照らして、締約国が取調べに弁護士を立ち会わせる権利についての見解を、再検討することを希望します。

性交同意年齢

　そして、リスト・オブ・イシューズの26項と27項にある2つの問題に

移ります。26項は、性的同意の最少年齢について扱っていて、現在、日本では性交渉についての同意最少年齢が13歳です。締約国が、前回の総括所見で委員会が述べたように、国際的なスタンダードに合わせるという観点から、締約国のこの分野における立法を見直すことを検討している旨を表明されていることについて、敬意をもって特筆いたします。ただ、この私から代表団に対する質問としては、なぜ見直しのプロセスに、このように長い時間がかかるのでしょうか。総括所見は、2008年に発表されています。しかも、これは、新たな問題点ではありません。子どもの権利委員会もまた、2004年、日本について同じ問題について言及されています。しかしながら、日本代表団は、現時点において、2016年に終了予定の比較調査をしている段階だと言っておられるわけですけれど、おそらく、このプロセスの後、立法プロセスが行われることとなり、これもまた時間がかかるのであろうと想像します。ですから、質問としては、是正するのには比較的簡単だと思われるこの問題について、締約国は、なぜ非常に長く時間をかけているのでしょうか。これは、規約24条で定められているように、子どもの保護を与えるために十分な措置をとるという、規約により締約国が負う法的責任と直接結びついています。

学校と家庭における体罰

最後に、リスト・オブ・イシューズの27項にある、体罰についてですが、代表団からいただきました情報に御礼申し上げたいと思います。そして、代表団が、その回答の中で、あらゆる状況における体罰を排除する意図がある旨の表明をしていただいたことについて、重ねて謝意をお伝えしたいと思います。学校における体罰については、私は、締約国により採用された政策が、人権保障に関連する問題に関し、変更を要請しないということではなく、変更を要請するというものになっているのか、懸念を有することを表明しなければなりません。子どもの権利委員会は、2010年の総括所見においてこの問題について日本に勧告を行っているところですが、ただ、1988年には既にこの問題を提起していることを指摘いたします。

家庭における体罰についてですが、民法822条によれば、親権を行う者は、子どもを懲戒することができると規定されていること、そして、児童虐待の防止等に関する法律14条1項によれば、児童の親権を行う者は、児童のしつけに際して、その適切な行使に配慮しなければならないこととされている

ことについては理解しています。質問は、締約国は、これらの法律の条項をどのようにまとめるかのイメージは持たれているのでしょうか。というのも、日本における一般的な姿勢は、体罰を使用することに対して好意的であるのではないかと我々は理解しており、これが変わるのにはおそらく非常に長くかかるのでしょう。私からの質問はここで終わりにして、代表団からのご回答に対して事前に御礼申し上げたいと思います。ありがとうございました。

議長：

　シャニーさん、ありがとうございました。あとお２人、まだリストに残っております。あとのお２人につきましては、すでに発言されたことの繰返しを避けていただけるように強くお願いを申し上げます。それでは次は、ロドリゲス・レスキアさん、お願いします。

死刑制度

ロドリゲス：

　どうもありがとうございます。まず、昨日からの代表団による、書面と口頭での回答に対して質問をしたいと思います。私からは死刑に関するフォローアップに言及させていただきたいと思います。昨日のニューマンさんからの質問による明確な議論の繰返しはいたしませんが、以下の３つの側面と、さらに締約国からの明確かつタイムリーな返答をいただけていない点について言及いたします。

　日本において死刑が廃止されるか否かということに関する決定は、国内法の問題でありますけれども、ただ、われわれ委員会としては、19の罪種につきまして、特に死刑を維持するという刑事司法政策にかかる基準を伺いたいと思います。また、私は、国家に対する犯罪のように、主観的なものが存在していることを懸念しています。仮に今後も死刑を維持するのだとしても、最も深刻な犯罪に限られる必要があるわけです。しかし、私たちは今、３とか４とかいう犯罪ではなく、なんと19にも及ぶ犯罪について話しているのです。このような深刻な刑罰が科される際には合理性について考慮される必要があり、そして、国家に対する犯罪についての検討が、その合理性に関する基準をいくらか左右するのではないでしょうか。

　調査の中で世論を使用することについてですが、もちろんほとんどの国々において死刑の継続については調査が行われていると理解していますけれど

も、当然国民は死刑を維持することに好意的に考えているだろうと思います。しかしながら、刑事司法というのはそこで精進を怠ってはいけません。単に国民の意思ということだけではなく、より客観的な基準である必要があります。

死刑確定者の心情の安定

そしてまた、死刑囚の心の安定を保障することについての締約国の発言もあります。死刑囚は、執行の24時間前まで知らされません。ただ、死刑囚の心の安定というものは、死刑を宣告された者に対する最善の対処方法を決定するための考慮要素とはなり得ないと思います。事前に通知を受けることによって、自分自身を落ち着かせ、そしてその国の死刑を受ける心を決めるべきだと考えます。ありがとうございます。

議長：
ありがとうございました、ロドリゲスさん。最後のスピーカーはケーリンさんです。ケーリンさん、どうぞ。

福島原発事故の被害者

ケーリン：
議長、ありがとうございます。到着が遅れたのですが、私も日本代表団をご歓迎申し上げたいと思います。できるだけ手短に1つの点を挙げたいと思います。今まで出なかった問題ですが、私どもの対話で重要なものだと考えます。すなわち、福島の原発に影響を受けた人たちの状況です。皆さまご存知の通り、国連の健康に対する権利にかかる特別報告者を含む、いくつかのステークホルダーにより、移住を余儀なくされた人々は、国際基準の20倍も放射能に汚染された地域に居住することを強いられているという懸念が提起されています。

私の懸念は、健康に対する権利ではなく、規約上定められている権利に関連しています。質問は3つです。まず、今年5月の復興庁の報告によれば、近時、福島において発行された3,889の死亡証明書のうち、1,704が震災が死因であると特定しているようです。震災のうちどのような原因が彼らの死亡に関連しているのか、特に、ガンによる死亡件数等、詳細な情報をいた

だきたいと思います。

　２つめに、汚染レベルがまだ高いにもかかわらず、いくつかの避難区域の指定を解除しようと計画しているというのは本当でしょうか。これは、この指定解除により、避難した人たちがもはや月々の補償を受給することはできなくなり、つまり、彼らは汚染地域に戻ることを余儀なくされることを意味するのでしょうか。

　そして３番目に、当該地域においては、汚染レベルに関してどのような情報が提供されているのでしょうか。この情報というのはどの程度詳細なものであって、情報を提供することに関しての政府の姿勢は、規約が保障する情報への権利に基づいているのでしょうか。

代用監獄と弁護人の立ち会い

議長：

　ケーリンさん、ありがとうございました。では、私、代用監獄の問題について、１つフォローアップの質問をさせていただきます。代表団には、これから私が読み上げる日弁連の文章を聞いていただきたいと思います。私がお答えいただきたいのは、この日弁連の文章に何か間違っていることが含まれているかどうかということです。代用監獄制度の説明やその存続理由を重ねて伺いたいわけではありません。この文章に書かれている事実中、何か誤っているかどうかということだけ答えてください。以下の文章です。「理論的に被疑者は、弁護士を呼ぶことができる権利を有し、これを告知されなければならない。実際には、電話をかけることが禁止されていることから、取調官の援助なしには、被疑者は弁護士を呼ぶこともできないし、その権利を行使することはできない。そして取調官による手助けを得られて当番弁護士に連絡ができたとしても、潜在的に、接見に際しては時間及び場所並びに面会時間の制約を受ける場合が多い。弁護士と被疑者との間では、文書のような物を取り交わすことは禁止されていて、そして弁護士が取調べに立ち会うことは許されない」。これは、どこか誤っている部分があるでしょうか。伺いたいと思います。

　それでは、代表団にマイクをお戻しいたしますので、フォローアップの質問も含めて、このセカンドラウンドでお聞きになった質問に対するお答えをお願いしたいと思います。念頭に置いておいていただきたいのは、48時間以内に書面でお答えをいただくことも可能だということです。代表団はでき

るだけの努力をしていただいて、3時にまた戻って来なくてもよいように、そのお答えを1時5分前までに終えていただきたいと思います。それでは、代表団長にご発言いただきます。どうぞ。ありがとうございました。

特定秘密保護法

代表団長：
　それでは内閣官房に、まず特定秘密保護法の関係で回答をいたします。

内閣官房：
　ザイバート・フォー委員からの特定秘密保護法に関する質問に対して、内閣官房からお答えいたします。我が国では、意見を持つ権利及び表現の自由を我が国の最高法規である日本国憲法において、民主主義の維持に不可欠のものとして最大限尊重しています。このような我が国の基本理念に則って、我が国では既に政府の有する諸活動を国民に説明する責務が全うされるようにすることを目的として、情報公開法を定め、何人も行政機関の保有する行政文書の開示を請求する制度を整備しています。
　日本国憲法及びこの情報公開法は、特定秘密保護法施行後も引き続き適用されるものであります。
　意見を持つ権利及び表現の自由を規定している自由権規約第19条は、先ほども話が出ましたが、同時に自由権規約第19条3項において、国の安全や公の秩序を保護することが必要な場合には、法律により表現の自由に対し一定の制限を課すことを認めているところです。
　したがって、本法が自由権規約第19条と整合的で、これに違反するものではないと考えていますが、この後その説明をいたします。
　特定秘密保護法については、安全保障上の秘匿性の高い情報の漏洩を防止し、もって我が国及び国民の安全を確保することを目的として、今般制定されたところであります。
　このような国家機密の指定解除、保全を図るルールは、米国、英国等の諸外国においては既に整備されており、我が国においても同様の法整備を行ったものです。本法においては、2つの重要な点があります。まず本法の下では、特定秘密に該当する情報について、その定義や指定の要件及び手続が法的に明確にされています。
　次に一部分、説明の正確を期すために英語で説明をしたいと思います。

防衛、外交、テロの防止、そして特に危害をもたらす活動の防止に関する問題に言及しているこの法律の別表について、コメントがございました。特に被害をもたらす活動については、12条において定義がされており、これは原則としてスパイ行為に焦点が置かれています。実は、同法の別表は、諸外国における同様の立法と比較すると、非常に制約的なものです。

　そして、現在、副首相の有識者会議が均一な実施のために実施基準を作成いたしているところです。この均一な均質な基準というのは、この別表のより詳細な説明を含むものです。この実施基準は、夏の間に1か月間実施されるパブリックコメントを経て、今年の秋、閣議決定によって権限を与えられる予定です。一定の情報が特定秘密と指定されるためには、3つの要件を満たす必要がございます。別表に列挙されたものでなければならないこと、それだけでなく、公に公開されていないものであって、国家の安全保障を損なうおそれがあるために特に本質的に機密性が高いものであること。したがって、この特定秘密は、非常に限定的であり、かつ具体的なものです。それでは、日本語に戻りたいと思います。

　また、国会や外部の有識者の関与を含めた管理体制が確立され、行政機関による恣意的な運用を防ぐための重層的な仕組みが設けられています。これによって、行政機関による秘匿性の高い情報の取り扱いに客観性と透明性が高まることにもつながるものと考えています。

　次に、本法においては、特に表現の自由及び報道の自由に配慮しています。例えば本法第24条において、たとえ脅迫したり欺いたりする行為により特定秘密を取得したとしても、外国の利益もしくは自己の不正の利益を図る目的等である場合のみ、処罰の対象となる旨規定されています。

　また、本法第22条第1項において、さらに包括的に規定しており、真に報道目的で特定秘密の不正取得行為を行った場合には処罰されないとされるなど、知る権利を含む表現の自由に対し、これを不当に制限することにならないよう十分に配慮し、表現の自由の確保に努めています。したがって、特定秘密保護法は自由権規約第19条と整合的なものであり、何ら問題のあるものではないと考えております。以上です。

代表団長：
　次は法務省から回答いたします。

ノンフールマン原則

法務省：

　それでは難民に関するお尋ねをたくさんいただきましたので、私の同僚からお答えをいたします。なお、その質問の中では資料も使わせていただく予定です。この資料は既に委員会に提供済みのものです。お願いします。

法務省：

　では、法務省入国管理局からノンフールマン原則について、お話をいたします。ノンフールマン原則が国の方針として取り入れられていないのではないかというようなお尋ねがございました。我が国では、従前から被退去強制者が国籍、または市民権の属する国において、拷問を受ける恐れがあるような場合には、当該外国への送還を行ってきませんでした。

　しかし、前回の審査の総括所見などを踏まえまして、2009年に出入国管理及び難民認定法の一部を改正をいたしました。改正後の入管法第53条第3項第2号においては、退去強制を受ける者を送還する場合の送還先に、拷問等禁止条約第3条1に規定する拷問が行われる恐れがあると信ずるに足りる実質的な根拠がある国を含まないことを明文化し、2009年7月15日から施行しております。

　さらに、2010年12月23日に施行された部分では、同じ入管法の53条3項の第3号といたしまして、送還先に強制失踪の対象となる恐れがあると信ずるに足りる実質的な理由がある国、これは強制失踪条約を踏まえまして、こういう文言を入管法の中に明文化しております。

　これによって、従前から迫害の恐れのあるような国には送還しないということが明文化されておりましたけれども、ノンフールマン原則を我が国は遵守するという立場を法律上も明確化したものでございます。

強制送還中の死亡

　続きまして、ガーナ人の死亡事案についてお尋ねがございました。この事案については、現在、国家賠償請求訴訟が継続中であります。したがって訴訟にかかわる問題ですので、この場で詳細な説明をすることは差し控えさせていただきます。しかしながら、入国管理局においては、本件の事故後、より安全・確実な送還に万全を期するために、そのための改善策といたしまし

て、護送・送還にかかる要領改正、通達の発出、それから継続的な護送・送還担当者の実技訓練の実施、こういうようなことを行って、安全・確実な送還ができるように万全を期しているところであります。

難民申請と退去強制

続きまして、難民に関する質問について、私の同僚からお答えさせていただきます。

法務省：

ただいま配付いたしました資料、こちらの日本で難民申請をすると収容されると書いてございます資料をご覧ください。

こちらの資料にございますように、結論といたしまして、難民申請した後に退去強制手続で収容されることはきわめて例外的であります。通常は収容されますのは、例えば難民申請後に犯罪を犯して警察に逮捕され、その後身柄の引き渡しを受けた場合、あるいは申請中に所在不明となり、その後、身柄を確保した場合など、ごく例外的なケースです。

次に、難民審査参与員についてのお尋ねがございましたので、お答えをいたします。異議申立手続にあたりましては、難民審査参与員は、法務大臣に対し異議申立人に口頭で意見を述べる機会を与えるよう求めることや、異議申立人の口頭意見陳述に立会い、審尋することができるとされており、心証形成のために直接異議申立人を面接する権限が法律上与えられております。

また、法務大臣が最終判断を行うものであるものの、法務大臣が異議申立を却下ないし棄却する場合に、その理由付記において、難民審査参与員の意見の要旨を明らかにしなければならない旨の規定を置いており、法務大臣が難民審査参与員の意見に沿った判断をしたのか、異なった判断をしたとすれば、それが合理的根拠に基づくものであるのかなどの点につき、異議申立人や行政訴訟を担当する裁判所が事後的にチェックできるようにして、公正・中立性及び透明性が確保される制度となっております。

難民認定制度の改正

次に、難民認定制度にかかる法改正についてのお尋ねがありましたので、お答えをいたします。2013年11月、法務大臣の私的懇談会であります第

6次出入国管理政策懇談会の下に、難民認定制度に関する専門部会を設け、難民申請案件急増への対応策を含む難民認定制度に関する課題につきまして、有識者の方々にご議論いただいているところでございます。

その対応策の具体的内容が固まっていない現時点におきましては、出入国管理及び難民認定法の改正の有無及び時期等は未定でございます。以上です。

外国人技能実習制度

引き続きまして、技能実習制度に関する質問がございましたのでお答えをいたします。

外国人研修技能実習制度は、我が国で培われた技能、技術、知識の開発途上国等への移転を図って、当該開発途上国等の経済発展を担う人づくり、これに寄与することを目的として、そういう意義を有しています。

法務省では、外国人研修生及び技能実習生の人権を侵害する行為や、賃金不払い等の労働関係法令違反、こういった不正行為を行った実習実施機関等に対して、その旨を通知し、最長5年間の受け入れ停止措置を講じるなど、制度の適正化に努めています。2013年には不適正な受け入れを行ったとして、230の実習実施機関等に対して不正行為を通知し、技能実習生の受け入れを停止いたしました。

技能実習生に対しては、2010年7月から法律改正によりまして、実務研修が含まれる場合には原則として入国時から在留資格技能実習を付与し、入国1年目から雇用契約に基づいて、技能等を修得する活動を行うことを義務づけました。この結果、技能実習生は労働基準法、労働者災害補償保険法等の労働関係法令上の保護が受けられることになりました。

長期的な課題についても、将来のことについてもお尋ねがありましたが、制度のあり方については様々な意見が寄せられており、本年4月4日に開催された経済財政諮問会議、産業競争力会議合同会議において、安倍総理大臣から技能実習制度の管理運用体制を抜本的に強化改善するなど、必要な見直しを行うようにとの指示があったところでありまして、その結論を得るべく検討をしているところであります。

また、法務省内においても、本年6月10日に法務大臣の私的懇談会である出入国管理政策懇談会外国人受け入れ制度検討分科会から、技能実習制度の見直しに関する報告書を法務大臣に提出していただいたところです。

先ほど、委員のご質問の中では、制度の拡大だけが決まったかのようなお

尋ねがあったと思いますけれども、その報告書の中ではまず研修技能実習生の人権侵害に関する不正行為を一層厳格に取り締まること、技能実習生の保護支援を強化充実させることなど、不適正な管理団体等を排除することなどが提言されております。

こうした内容を踏まえまして、今後の制度の改正に向けて検討を進めているところでございます。

入国管理局からは以上です。

少数民族の権利

法務省：

続きまして少数民族の権利に関しましてのご質問にお答えいたします。まず、アイヌの言語・文化・土地資源に対する積極的な取り決めについてでございます。アイヌ文化の復興に対する積極的な措置については、リスト・オブ・イシューズ問20のとおりでございます。資源や土地に関する権利に関しては、政府はアイヌ文化の復興に強い責務があることから、伝統的な生活空間の再生という取り組みを行っています。この事業は国有地などを活用して、アイヌ文化の伝承に必要な植物などを確保したり、文化伝承などの取り組みを行ったりするものです。

また、沖縄も含めまして先住民族としての権利に関してです。先住民族については、我が国もその採択時に賛成票を投じた先住民族の権利に関する国際連合宣言においても、定義についての記述はなく、我が国国内法においても確立した定義はありませんが、2008年6月6日、我が国の国会において、アイヌ民族を先住民族とすることを求める決議が全会一致で採択され、同決議の採択を受けて、内閣官房長官からアイヌの人々が日本列島北部周辺、とりわけ北海道に先住し、独自の言語、宗教や文化の独自性を有する先住民族であると認識する旨の談話を発表しました。アイヌの人々以外に政府が同様の認識を有している人々は存在しません。

また、沖縄県に居住する人、あるいは沖縄県出身者は、日本国民として何人も自己の文化を享受し、自己の宗教を信仰し、かつ実践し、また自己の言語を使用する権利を否定されておりません。その前提で沖縄の文化的伝統的所産の保存及び活用、並びに地域における文化の振興に取り組んでおります。

代表団長：

それでは次、文科省から回答お願いします。

文部科学省：

続きまして、文部科学省からアイヌと沖縄の文化遺産の保護、言語の保持について申し上げます。アイヌの文化遺産については、従前から文化財保護法に基づきまして、アイヌ古式舞踊やアイヌの生活用具、伝統衣装や狩猟道具、農機具、楽器等でございますが、こちらを国の文化財として指定するとともに、これらの保存、継承のための事業に対する補助を行っております。また、沖縄の文化遺産につきましては、文化財保護法に基づく国指定等文化財について、保存修理等に対する補助を行っております。特に、通常の補助率は、原則2分の1でございますが、一部事業によっては、補助事業者が沖縄県内に所在する場合に5分の4を補助するなど、積極的に保護のための措置を実施しております。

また、アイヌの言語についてお答えいたします。2009年にユネスコがアイヌ語を含む国内の8つの言語、方言が消滅の危機にあると発表したことを受けまして、実態などの調査研究を行いました。この調査研究におきまして、アイヌ語については、アイヌ語の特徴、危機の程度、アイヌ語に関する資料、アイヌ語教育の状況についてまとめており、文化庁のホームページでその調査結果を公開しております。

さらに、アイヌ語の保存、継承に資するアーカイブ化に向けた調査研究を実施しております。

加えて、母語・母文化の保持については、学習指導要領解説におきまして、外国人児童生徒については、課外において当該国の言語や文化の学習の機会を設けることなどにも配慮することが大切であるとされており、地域の実情に応じて取り組まれています。

さらに、アイヌや沖縄に関する教育については、例えば中学校社会科の歴史的文化において、鎖国下の対外関係の学習の中で、北方との交易をしていたアイヌに着目させることや、琉球の役割などを取り上げることとなっております。また、節目となる歴史的事象として、沖縄返還を取り扱うこととなっております。以上でございます。

福島原発事故の被害者

代表団長：

　次に、福島の放射線影響に関するご質問に対してお答えをさせていただきます。

　放射線に対する健康不安に向き合ってわかりやすく答えるリスクコミュニケーションを実施していく上で参考となる資料といたしまして、福島における放射線の状況や放射線の健康リスクを考えるための知識、科学的知見、被爆低減にあたっての国際的、専門的な考え方など基礎的な情報をコンパクトにまとめたパンフレットを作成しております。その他、各省庁におきまして、その所管事項に応じて責任をもって被爆による長期的なリスクや、被爆防護に関する情報を正確、かつ迅速に公衆・労働者に対して提供をしております。

　また、総括所見の国内周知につきましてご質問がありました。自由権規約第5回、我が国政府報告審査の結果につきましては、日本語仮訳を作成し、国会関係者、関係省庁及び地方自治体関係者に広く周知するとともに、外務省ホームページに掲載しております。

　第6回の政府報告自由権規約委員会からの事前質問票への回答についても、外務省ホームページに掲載することにより、NGOの方々を含む一般国民に周知しております。

個人通報制度

　また、第1追加議定書の締結の具体的なタイムラインにつきましてのご質問がありましたが、現在、真剣に検討を進めているところではございますが、今後の見通しを確定的に申し上げることは困難でございます。今後とも各方面から寄せられる意見を踏まえつつ、引き続き検討を進めてまいりたいと思います。

　法務省から回答を続けたいと思います。

ヘイトスピーチ

法務省：

　それでは法務省からさらに何点かについて、お答えをいたします。まず、ヘイトスピーチに関するフォローアップの質問、また国内人権機構に関する

フォローアップの質問もございました。これにつきまして、私の同僚から答えさせていただきます。

法務省：
　シャニー委員のほうから、ヘイトスピーチの追加のご質問がありましたので、その点についてお答えいたします。近時、日本国内のデモ等において、特定の国籍の外国人を排斥する趣旨の言動が行われていることが、ヘイトスピーチであるとして取り上げております。
　そのことから、人権啓発の観点から、昨年5月及び10月の記者会見での法務大臣の発言を法務省のホームページに掲載して周知を図りました。また、全国の各法務局、地方法務局に対し、この発言を踏まえて啓発活動に配意するよう、事務連絡を発出いたしました。
　さらに、啓発冊子である「2013年度人権の擁護」にヘイトスピーチに関連する記述を追加して配布いたしました。
　また、地方公務員を対象とする人権啓発指導者育成研修において、外国人の人権をテーマとする講義を設けるなどの啓発活動を実施しております。
　また、各法務局、地方法務局においては、先ほど述べた事務連絡を受けて、積極的な啓発活動を実施しております。その一例としまして、民間企業における研修や、中高生を対象とした人権教室において、外国人の人権に関する説明の機会を増やすなどしております。
　加えて2013年12月に、法務省のホームページに外国人の人権に関するページを新設するとともに、本年3月、外国人に対する偏見差別の解消を目指して、インターネット上の検索サイトや報道機関のニュースサイトにバナー広告を実施したところであります。
　法務省の人権擁護機関は、これらの啓発活動を通じて、外国人の人権を尊重するよう呼びかけております。そして、これらの活動により、我が国の国民が文化等の多様性を認め、外国人の生活習慣等を尊重、理解し、その結果、偏見や差別がなくなっていくという効果が期待できると認識しています。
　繰り返しになりますが、民法上の不法行為にも刑事罰の対象にもならない行為に対する規制については、憲法が保障する表現の自由との関係で難しい問題があると承知しています。
　いずれにしましても、差別意識を生じさせることにつながりかねない言動については、人権擁護の観点から、引き続き注視し、外国人に対する偏見や差別の解消を目指して、啓発活動に取り組んでまいりたいと考えています。

国内人権機関

　続きまして、フリンターマン委員のほうから、国内人権機構の創設に関する質問がございましたので、お答えいたします。

　新たな人権救済機関の設置やその権限のあり方については、賛否を含め、様々な議論があると理解しています。2012年に法務省が国会に提出し、その後廃案となった人権委員会設置法案について、批判の観点は必ずしも一様ではありません。そのため、お答えするのは容易ではありませんが、例えば人権委員会は政府から独立しており、コントロールの利かない強力な機関であるとする批判や、人権侵害について定めが明確でないとする批判などがされたものと承知しています。

　人権救済制度のあり方については、これまでなされてきた議論の状況も踏まえ、適切に検討しているところであります。

婚外子

　続きまして、さらに法務省が続けさせていただきますが、マジョディナ委員から、嫡出でない子の差別規定等に関してご質問がありました。委員からは、嫡出でない子について、法改正をしたということをご理解いただいた上で、しかしながら、いろんな手続について、どうもうまくいっていないようだというご指摘をいただきました。

　具体的にどのような手続がうまくいっていないのかというところまで具体的なご指摘をいただいておりませんが、例えば戸籍の父母との続柄欄における嫡出子と嫡出子でない子を区別する記載については、2004年11月1日付の規則を改正しまして、嫡出でない子の父母との続柄欄の記載を嫡出子の記載と同様にすることとしました。

　また同じく手続面ですが、出生届には嫡出子であるか、嫡出でない子であるかを選択させる欄がありますが、これも2010年3月から、この欄の記入が最終的にされなかったとしても、出生届を受理することとしております。このように手続面でも、嫡出でない子の人権を保障する方向でいろいろ配慮させていただいております。

再婚禁止期間

　また、これはニューマン委員からですが、女性の再婚禁止期間について、再度ご質問をいただきました。これは繰り返しになりますが、女性の再婚禁止期間の短縮を内容とする法律の改正については、婚姻制度や家族のあり方に影響する重要な問題ですので、大方の国民の理解を得た上で行う必要があると考えております。現在、国民の間にもいろいろな議論があるところでございます。

　DNAによる鑑定のご指摘もありました。これにつきましても、DNA鑑定によって、父と子の関係を決定しようとした場合に、子の身分関係が不安定になったり、また、必ずしもDNA鑑定を実施できるという保障もないということを考えると、こういった点もまだ国民の間にいろいろな議論がある一つの要因になっているのではないかと思います。

　今後さらに国民の間で議論が進みまして、そういったステップを踏んでいくことになるかわかりませんけれども、さらなる議論を続けていきたいと思っております。

性交同意年齢

　さらに私の同僚から続けさせていただきますが、性交同意年齢に関するご質問、また死刑に関する更なるご質問もいただきました。同僚のほうからお願いいたします。

法務省：

　シャニー委員から、性交同意最低年齢を13歳とされる現状のレベルから引き上げるかどうかという検討について、時間がかかっている理由についてお尋ねがありました。この点につきましては、2010年12月に閣議決定された第3次男女共同参画基本計画におきまして、2016年3月末までにこの性交同意年齢の引き上げを含む性犯罪に関する罰則のあり方を検討することとされており、現在性犯罪に関する諸外国の法制度ですとか、我が国における処罰の現状等を調査するなどして、必要な検討を行っているところです。暴行または脅迫を用いずに姦淫行為をした場合であっても、強姦罪が成立する年齢の上限の引き上げにつきまして、何歳程度の者であればこの判断能力が十分備わるものといえるのかといった観点に加えまして、個人の性的行為

に関する意思決定の自由に対する過剰な干渉にならないかといった点や、任意の同意による性交についてまで、刑罰をもって規制することには謙抑的であるべきではないかといった点も踏まえて、慎重に検討すべき問題であると考えております。

死刑制度

引き続き死刑についてご回答いたします。法定刑に死刑が定められている罪名の数が多いというご指摘をいただきました。この点は、先ほども申し上げましたとおり、我が国におきましては、法定刑として死刑が定められている罪は、殺人、強盗殺人等、一定の重大な合計19の犯罪に限られており、外患誘致の罪を除く18罪については、懲役刑または禁錮刑が選択刑として定められているほか、死刑の選択の判断も1983年7月8日の最高裁判所判決において示された判断を踏まえて、極めて厳格かつ慎重に行われており、その結果、刑事責任が著しく重大な、故意に被害者を殺害する行為を伴う凶悪犯罪を犯した者に対してのみ死刑が科されているという状況でございます。

また、死刑執行についての通知に関するご質問もございましたが、この点につきましては、リスト・オブ・イシューズ13のC、パラグラフ113、114、115で指摘しているとおりでございます。

代表団長：
次、警察から回答をお願いします。

留置施設における弁護人との面会

警察庁：
留置施設における弁護人との面会について質問がありました。刑事訴訟法によりまして、身体の拘束を受けている被告人または被疑者は、弁護人と立会人なくして接見する権利が認められています。このため、留置施設に収容されている者についても、弁護人との面会が禁止されることはありません。したがいまして、夜間や休日でも留置施設の管理運営上の支障があるときを除きまして面会が可能となっております。面会の場所につきましては、留置施設内の面会室において実施しております。面会の時間については制限はあ

りません。留置施設において、2013年中は、約60万回の弁護人との面会が行われております。

日弁連の文書についての確認について、留置施設に関連する部分についてお答えさせていただきます。

被留置者が弁護人を呼ぶための電話ができないというコメントがありましたが、電話は確かに許されておりませんけれども、被留置者が弁護人と会いたいとの申し出があった場合には、留置担当官は、弁護人または弁護士会に速やかに連絡を取ることとしております。また、弁護人との面会の場所については、先ほど申し上げましたとおり、面会室を指定しておりますが、時間については制限を設けておりません。被留置者と弁護人との物のやりとり、信書のやりとりにつきましては、刑事収容施設法に定める一定の検査を行いますけれども、原則としては認められております。留置施設関係は以上です。

被疑者の弁護人選任権

警察庁：

引き続き警察庁です。シャニー委員から、被疑者の弁護人選任権について質問をいただきました。被疑者については、我が国の刑事訴訟法で身柄拘束の有無を問わず、いつでも弁護人を選任することができると定められています。そして、逮捕勾留されていない被疑者の任意の取調べにおいては、弁護人選任権の告知は規定されていませんが、出頭を拒み、または出頭後いつでも退去できるということが、刑事訴訟法で規定されています。

次に、逮捕勾留されている被疑者については、逮捕から間もない時期に弁護人を選任できる旨を告げると刑事訴訟法で義務づけられています。また、逮捕勾留されている被疑者と弁護人との接見については、取調べ中に被疑者から弁護人と接見したい旨の申し出があれば、その申し出を直ちに弁護人に連絡することと通達で定めています。

強制改宗

続いて、ザイバート・フォー委員から、強制改宗の質問をいただきました。ご指摘いただいたような事例は把握していませんが、一般論としては捜査機関においては、被害の届け出を受けるなどして、その事案が刑罰法令に触れる行為があると認められる場合には、法と証拠に基づき適切に対処していま

す。また、法務省の人権擁護機関では、人権擁護委員法及び人権侵犯事件調査処理規定に基づき、宗教・信条に基づく差別を含む人権侵害の申告等を踏まえて、所要の調査を行い、事案に応じた適切な措置をとっています。

代表団長：
　とりあえず1時までの部分のわれわれの回答はこれで終わりました。

議長：
　代表団長、ありがとうございました。1時半まで続けて、午後少し後に再開することも含め検討したのですが、残念ながら今朝のチームと午後のチームが違うということで、この解決策はどうもうまくいきません。通訳はもう少し延長してもいい、あと15分延ばしてもいいと言ってくれたのですが、どうもその時間内で終わることはできないようです。ですから、非常につらいのですが、締約国の定期報告書審査を午後3時に再開しなければなりません。30分以内で収められることを希望します。その後、ここで通報の作業をしたいと思います。皆様にご不自由をおかけしたことに関してお詫び申し上げたいと思います。これはすべて、締約国の書面による回答が翻訳されなかったという直前の連絡の問題に起因します。代表団は、非常に努力をなさり、簡潔に、効率的にお答えくださろうと休憩もとらずに努められたのですが、それでも終わることができませんでした。この状況については誰も責めることはできません。代表団には、継続して努力してくださったこと、快く午後に再開してくださることに関して感謝します。事務局に対しても、柔軟な対応、また日本の定期報告書審査が終了した後の通報についての議論に快く対応していただけることに感謝いたします。以上をもちまして、15時まで散会といたしたいと思います。よい昼食を。

（散会）

審査第2日　第3セッション

日時　2014年7月16日　午後3時から3時35分まで
場所　ジュネーブ国連欧州本部　パレデナシオン

議長：

　新たなアレンジに従ってくださったこと、御礼申し上げたいと思います。
　それでは早速締約国に続きをしていただき、最後のラウンドの質問に対する回答を終わらせていただきたいと思います。そして、可能であれば、フォローアップの質問を5分間でしていただきたいと思います。これに対しては、代表団長の閉会の言葉に不可欠でない限り、口頭でのお答えはできず、書面でお答えいただくことになります。その時間のため、代表団には3時20分までに終わらせていただきたいと思います。それでは、代表団、回答を続けてください。お願いいたします。

規約の効力

代表団長：

　議長、ありがとうございます。フリンターマン委員からご質問のありました件の補足をさせていただきたいと思います。規約の国内法体系におけるステイタスについてでございますが、最高裁判所だけが特定の条項を適用しているにすぎないのかとのご指摘がございましたが、リスト・オブ・イシューズの問1及び午前中の回答で述べましたとおり、複数の条項及び貴委員会の勧告をも考慮に入れた判決がなされています。これは最高裁だけではなく、下級審においても同様に自由権規約の条項趣旨を踏まえた判断がなされております。

人身取引の定義

　また、人身取引対策行動計画2009における人身取引の定義についてのご質問がありました。この計画におきましては、人身取引議定書第3条に定める人身取引の定義に従い、関係行政機関がさらに緊密な連携を図りつつ、また外国の関係機関、国際機関及びNGOとの協力を強化して、人身取引の防止を図るとともに、潜在化している可能性のある人身取引事案をより積極的に把握し、その撲滅と被害者の適切な保護を推進することとしております。

また、人身取引議定書を締結していないことへのご指摘もございました。人身取引議定書につきましては、平成17年6月にその締結につき、国会の事前承認を得ております。他方、同議定書の締約国になるためには、その親条約であるパレルモ条約の締約国でなければならないが、パレルモ条約の国内担保法は国会で成立しておらず、同条約は締結されていないため、人身取引議定書を直ちに締結できる状況にはございません。
　我が国といたしましては、まずはパレルモ条約の速やかな締結に向けて引き続き検討を進めたいと考えております。

慰安婦問題

　問22に関し、マジョディナ委員からご質問がありました。昨日、回答サマリーにおいて申し上げたことをすべては繰り返しませんが、マジョディナ委員ご指摘のサンフランシスコ平和条約及び他の二国間条約につきまして、重要な日韓請求権協定が言及されておりませんでしたので、当該協定第2条1項の規定をここで読み上げさせていただきます。同規定では、「両締約国は、両締約国及びその国民の財産、権利及び利益並びに両締約国及びその国民の間の請求権に関する問題が、1951年9月8日にサンフランシスコ市で署名された日本国との平和条約第4条aに規定されたものを含めて、完全かつ最終的に解決されたこととなることを確認する」とされています。
　また、性奴隷との表現は不適切である旨、改めて指摘させていただきます。
　日本政府の謝罪についてのご指摘もありましたが、日本政府は、元慰安婦の方々に対するお詫びと反省の気持ちを表した1993年の内閣官房長官談話、元慰安婦に対する総理の手紙をはじめ、様々な機会に心からのお詫びの気持ちを表明してきております。このような立場を踏まえつつ、日本政府は本件問題の対応につき、国民的議論を尽くした結果、元慰安婦の方々の現実的な救済のため、アジア女性基金の実施する事業に最大限の協力を行ってきたところです。政府といたしましては、基金の事業を通じて表された日本国民の気持ちに理解が得られるよう、今後とも最大限努力していく考えであり、同基金の事業のフォローアップを行っていきます。
　最後に、河野談話の検証や軍による強制性についてのご指摘がありましたので、お答えします。今回の検証作業において、河野談話の作成過程において、当時の日本政府は、一連の調査の結果としていわゆる強制連行は確認できていないとの認識で一貫していたことが認められました。一方、当時の日本政

府はそうした前提に立ちつつ、強制性について政府としての一定の認識を示すという対処方針で臨んでいたことが確認されました。その結果、日本政府は、当時の朝鮮半島は、我が国の統治下にあったことを踏まえ、慰安婦の募集、移送管理等の段階を通じてみた場合、いかなる経緯であったにせよ、全体として個人の意思に反して行われたことが多かったとの趣旨で、甘言、強圧による等、総じて本人たちの意思に反してという表現になったものです。いずれにしましても、今回の検討作業の結果をもって、河野談話を見直す必要はないと考えており、現菅官房長官からも、河野談話の見直しはしないとの我が国の立場を改めて述べております。

次に文部科学省から回答いたします。

外国人児童に対する教育

文部科学省：

　文部科学省より、マジョディナ委員からご質問をいただきました外国人児童について、特に教育に関する取り組みについて、お答えいたします。外国人がその保護する子どもの公立義務教育諸学校への就学を希望する場合は、在留資格の有無にかかわらず、無償で受け入れを行っており、外国人学校への就学を希望する場合には、外国人学校に通うこともできます。

　また、母語、母文化の保持については、学習指導要領解説において、外国人児童生徒については、課外において、当該国の言語や文化の学習の機会を設けることなどにも配慮することが大切であるとされており、地域の実情に応じて取り組まれているところです。また、各自治体が行う帰国外国人児童生徒等の公立学校への受け入れ促進、児童生徒の母語のわかる支援員の派遣、支援体制の整備にかかる取り組み等に対して国が支援する公立学校における帰国外国人児童生徒に対するきめ細やかな支援事業を実施しております。

　また、国籍を問わず、我が国において後期中等教育段階の学びに励んでいる生徒を等しく支援するために、各種学校である外国人学校のうち、高等学校の課程に類する課程に在席する生徒は、高等学校等就学支援金制度の対象とし、授業料への支援である就学支援金を支給しています。

学校と家庭における体罰

　次に、シャニー委員からご質問いただきました体罰について、お答えいた

します。まず学校における体罰についてです。校長及び教員による体罰は、学校教育法第11条において禁止されており、いかなる場合においても行ってはならないものであり、体罰を行った教員については、教育委員会が懲戒処分を行うなど、厳正な措置を講じることとなります。文部科学省としましては、体罰が学校教育法第11条において、厳に禁止されていることについて、これまでも各種刊行物等により、広く周知を図っているほか、教育委員会に対し、通知等により、学校現場に対して体罰禁止の徹底が図られるよう、繰り返し指導をしているところです。

さらに、教育相談を必要とする児童生徒が適切な教育相談を受けられるよう、学校におけるスクールカウンセラーの配置や、24時間の電話相談窓口の設置を行っております。また、国が支援を行って、カードの配布による相談窓口の周知も行っております。

次に、家庭における体罰についてです。児童虐待防止法では、何人も児童に対し虐待をしてはならないと定めており、虐待といえる家庭内の体罰は、明確に禁止されています。民法第822条において、親権者による懲戒権の行使は、子の利益のため監護及び教育に必要な範囲に限って認められることが明示されています。児童に対する懲戒権の行使が社会通念上、相当な範囲を超える場合は、刑法上暴行罪、傷害罪、逮捕監禁罪等で処罰されます。さらに、家庭内の体罰に関して、児童虐待に該当する保護者による体罰については、虐待を受けた児童本人が、電話や直接来所などの方法により、児童相談所や市町村に相談することができます。また、虐待を受けた児童の訴えを受けるなど、虐待を受けたと思われる児童を発見した関係機関、地域住民等は、児童相談所や市町村に対して通告しなければならないこととされています。児童相談所や市町村では、これらの相談や通告を受け、必要な対応をとる体制が整えられています。

最後に、委員より、日本では体罰を好ましいものと考えているとのご指摘がありましたが、そのようなことは決してなく、われわれは体罰は決して許されるものではないと考えていることを申し上げたいと思います。以上でございます。

代表団長：
　最後に、厚生労働省からお願いいたします。

人身取引における強制労働・技能実習生

厚生労働省：

　厚生労働省から、人身取引における強制労働や、特に技能実習生の保護に関する取り組みについて、ご紹介をいたします。

　厚生労働省では、関係省庁と人身取引事案に関する情報の共有を図りつつ、取り締まりを行っています。また、特に技能実習生の保護については、2010年から技能実習生に対して、労働関係法令が適用されることとなりました。これを踏まえ、全国の労働基準監督機関では、労働条件の履行確保上、問題があると考えられる事業所について、監督指導を実施し、また、悪質な事案については、司法処分を行っております。

　加えて、技能実習生から労働条件などについて相談を受けるため、技能実習生の母国語による電話相談を受け付けております。

　フリンターマン委員から、人身取引被害に遭われた女性の保護について、ご質問いただきました。リスト・オブ・イシューズ23、パラ240から242もご参照ください。18歳未満の児童を含む女性の保護については、婦人相談所を活用し、これまで356人の一時保護が行われてきました。婦人相談所においては、心理療法を担当する職員の一時保護所への配置、外国人対応のための通訳雇い上げ費の計上、一時保護中の医療費の支援など、保護の充実を図っております。

セクシュアルハラスメント対策立法

　引き続き、セクハラについての立法について、再質問をいただいたので回答いたします。職場におけるセクハラのみを処罰する法律の立法については、国民的議論が十分になされておりません。そのかわり、セクハラは未然の防止策こそ重要であるとの観点から、企業に対し、必要な措置を講ずることを法律で義務づけています。なお、強制わいせつ罪はあくまでも例示としてご紹介しており、それ以外にも公然わいせつや名誉棄損、侮辱など、セクハラの態様によって、ほかの罪にも当たりうるところです。

　ありがとうございます。

代表団長：

　以上で、日本政府からの回答を締めくくらせていただきます。

議長：

　非常に規律あるお答えをいただき、代表団長、そして代表団全体に御礼を申し上げます。そういうことで、フォローアップの質問ができると思います。必ずしも口頭でフォローアップのお答えをいただかなければならないものではありません。フォローアップの質問があるでしょうか。ウォーターバルさん、どうぞ。

朝鮮学校と高校無償化制度

ウォーターバル：

　議長ありがとうございます。リスト・オブ・イシューズ問21に関して、手短にフォローアップの質問をさせていただきたいと思います。

　締約国から既にご説明があったかもしれませんが、意味が分からなかったので、もう一度ご説明をいただければと思います。

　高校無償化制度が、朝鮮学校には適用されていません。回答のパラグラフ229（※正しくは225：編者注）におきまして、法律及び規則に基づく適正な学校運営という指定の基準に適合しないと述べられています。理解ができませんし、朝鮮学校の子供たちはそれを差別として経験しているのですから、その点についてより詳しく説明していただきたいと思います。ありがとうございました。

議長：

　ウォーターバルさん、ありがとうございました。シャニーさん、お願いします。

体罰は許容されているのか

シャニー：

　体罰について取り上げた最後の問題について、簡単にフォローアップしたいと思います。発言者が行った議論は、「日本の社会における一般的な意見についての情報がない」ということなのか、「日本の社会において体罰が許容されている」という一般的な意見を否定したのか、よく分かりませんでした。NGOの情報によりますと、新聞の調査により、調査対象となった成人の58％が「体罰は育児において必要である」と考えており、65％が「子ど

もに対して体罰を行った」と回答したと示されています。ですから、代表団には、これらのデータに異議を唱えるのか、また、これが民法822条に関する政府の姿勢に影響を及ぼすのか、それとも日本社会において引き続き体罰を必要とするのかについて、明確にしていただきたいと思います。

議長：
ありがとうございました、シャニーさん。マジョディナさん、どうぞ。

慰安婦を性奴隷と呼ぶこと

マジョディナ：
議長、ありがとうございます。手短に申し上げます。性奴隷という言葉に関する代表団長による回答についてフォローアップします。非常に包括的で、今最も広く認められている奴隷の定義を含む1926年の奴隷条約を参照していただきたいと思います。ありがとうございました。

特定秘密保護法

議長：
マジョディナさん、ありがとうございました。私から質問したいと思います。即座にお答えいただく必要はありません。特定秘密保護法についてすぐに終わる質問です。
　この新しい法律がどういう風に既存の法律を変えるのか、そして、いろいろな懸念事項が出ていることを踏まえて、どういう問題が起きたから必要ということになったのか、よく分かりません。
　以上をもちまして、やりとりを終わります。では、代表団長に閉会の言葉をお願いしたいと思います。もし残っている質問に対してお答えになりたいということであれば、その中に含めてください。お願いします。

慰安婦

代表団長：
議長、ありがとうございます。1点だけ、今、マジョディナ委員からご指摘された点、1926年条約、奴隷条約第1条の奴隷制度の定義については、

われわれもしっかりと検討いたしました。その結果として、日本政府としては、我が国が抱えている慰安婦問題を性奴隷の問題と認識しておらず、一般的に申し上げると、当時の国際法上、1926年条約の定義に当てはまるものというふうには、慰安婦制度がそうした定義をされている奴隷制度であるとは理解しておりません。それを前提にわれわれとしては不適切な表現であると指摘させていただいたものです。

政府代表団クロージングリマーク

　最後に、英語でクロージングリマークをさせていただきたいと思います。
　自由権規約委員会、委員の皆様、日本の代表団を代表し、2日間にわたり市民的及び政治的権利の保護、促進の状況について、精力的かつ包括的な対話をもつことができたことに感謝を申し上げます。人権の保護、促進は、どの国にとっても長く継続的なプロセスですが、その中で今般の貴委員会による審査は、自国の人権状況及びその改善に向けた取り組みを見つめ直す貴重な機会です。我が国としては、貴委員会からの質問に対して時間の許す限りで誠実にお答えいたしました。我が国は、今後とも本規約の各規定に沿った形で市民的及び政治的権利を保護、促進していくための努力を継続していきます。また、そのために、国際社会とより一層協力していく所存です。ありがとうございました。

議長クロージングリマーク

議長：
　ありがとうございました、代表団長。それから再度代表団に心から御礼を申し上げたいと思います。誠実な努力がなされ、会議の運営上の予見できない問題を踏まえる、非常にタイトなスケジュールをやり通すことができました。
　代表団は議論から気づかれたかもしれませんが、2つの問題があります。一つは、締約国がわれわれの前に現れて、われわれが懸念を表明し、われわれが勧告をするが、それが全く考慮されないし、それに基づいた行動をされないという繰り返しの作業が続いていると感じることです。繰り返し同じことが行われているということです。控えめに言えば、資源の有効活用ではないような、繰り返しの作業となっています。

もう一つは、他の委員が言ったように、どういうわけか人権の尊重が利用できる資源によって左右されているようです。それは、日本のような先進国では非常に不思議なことです。とりわけ大きな２つの課題を引き起こす問題は、もちろん有名な代用監獄制度です。代用監獄は本来暫定的なものとして、1908年につくられたと理解しています。本来あるべき施設に捜査中の人を勾留したり再勾留するためにどうも資源を利用できないようで、制度は適切に機能しているとのことです。資源の問題以外の追加的な理由が示されました。家族にとっても弁護士にとっても利便性が高いというような理由です。しかし、それはとても理解しがたいです。なぜなら、我々が得ている情報によると、家族や弁護士、特に日弁連は、全く意見が異なっており、何十年も反対してきたとのことだからです。ですから、再びこのような言葉を聞くことは若干不誠実に聞こえます。実際には、この制度はなくなっておらず、検察当局の利益のため、犯罪を犯したと疑われている人から自白を引き出すために維持されていると思います。そういうことで、著しく規約に抵触しているのです。取調べの可視化などは、これを改善させるでしょう。今試験的に行われているようですけれども、取調べの可視化を定期的かつ包括的に行うには、もっと多くの人材が必要でしょう。どうやらそういうお金はないようです。取調べ中に弁護士は同席できません。ですから、代表団としては、私どもが総括所見の中でこの問題について、強い形で言及しても、前よりも強い形で出しても、驚かれることはないでしょう。国際コミュニティがこういう問題を提起しているにもかかわらず、継続して我々及び拷問禁止委員会に対して、そして抵抗しておられるということに、私どもは否定的な立場、意見を持っております。

　そして、最後の問題ですが、繰り返して出てくる慰安婦の問題です。ここでは全く意見の対立があって、代表団は、ご理解されているだと思いますが、私どもは頭が悪くて、強制連行されたのではないという主張と、女性の意図に反して行われたという認識とが表明されたということは、かなり理解しにくいものです。1992年には河野談話において、謝罪がなされたわけですけれども、性的奴隷であったということに関して、そして無理やりこういう活動をさせられたということについて、少しでも疑念があるならば、なぜ必要な文書が政府によって出されなかったのでしょうか。そして、なぜ独立した国際的な審査によって、この問題の明確化を図らないのでしょうか。国際社会としては、単に公的な政府の言葉を鵜呑みにしなければならないのでしょうか。その理由は明白ではないのです。これも非常に繰り返しの作業となっ

ております。

　そして、日本政府には、たった今取り上げたことも、また私が今申し上げたことに関することも含めて、残った問題については、48時間以内にお答えいただく機会がございます。

　ここで、政府のためのものであろうと、被害者のためのものであろうと、議場での拍手は非常に不適切であることを指摘したいと思います。それが被害者のためでないときは、より不適切です。

　日本が、一般的に、言論、結社、集会の自由が保障されており、人権を尊重する国であり、いろいろな意味で重要であるということは、委員会において正しく評価されていないわけではありません。我々の会議への市民社会の素晴らしい参加は、その社会が開かれていることの証拠です。委員会は確かにすべて承知しています。しかし、だからといって、深刻な問題がないわけではありません。場合によっては意見が分かれるような問題や、人権に本当に悪影響を与え、「これが我々のやり方で、これが我々が行う理由だ、以上」というような考えで一見すると解決しないような問題がないわけではありません。次のラウンドまでに、このような問題ができるだけ起こらないことを願います。

　再度、代表団に深く感謝の意を表明したいと思います。私どものせいではない状況に柔軟性を持って対応をしてくださいました。スケジュールが好ましくない形で混乱し、これから行う個人通報の作業時間が削られてしまった他の委員たちにも感謝します。

　これをもちまして、代表団に別れを告げ、無事帰国されることをお祈りします。書面での回答及び提供したい追加の情報を48時間以内に提出されることを期待します。それから、総括所見の採択に従いフォローアップの手続きが行われることを期待します。

　以上をもちまして、5分間の休憩とします。10分後に個人通報の人たちが来るようなので、10分の休憩にします。10分というのは本当に10分です。休会にします。

（了）

日本の第6回定期報告についての質問事項＊
（リスト・オブ・イシューズ）

List of issues in relation to the sixth periodic report of Japan＊

文書番号 CCPR/C/JPN/Q/5　2008年5月23日　原文英語
第92会期　ニューヨーク　2008年3月17日～4月4日

本規約の実施にかかる憲法及び法律の枠組み（第2条）

Constitutional and legal framework within which the Covenant is implemented (art. 2)

1．締約国から提供された報告書の情報に関し（CCPR/C/JPN/6、第7、第8項）、裁判所によって本規約の規定が直接適用された事例についてより明確に説明して下さい。もしあるならば、本条約のどの規定が直接裁判において援用され、また裁判所によって援用されたか、またどのような効果があったか裁判例を引用して下さい。

1. With reference to the information provided by the State party in its report (CCPR/C/JPN/6, paras. 7 and 8), please provide further clarification on the conditions under which the provisions of the Covenant may be directly invoked by the courts. Please cite examples, if any, of cases in which the provisions of the Covenant have been directly invoked before and by the courts, and to what effect.

2．前回の本委員会の勧告に鑑みて（CCPR/C/JPN/CO/5、第9項）、締約国における、パリ原則に則った独立した国内人権機関を設立することに対する進捗状況につき最新の情報を提供して下さい。

2. In light of the Committee's previous recommendations (CCPR/C/JPN/CO/5, para. 9), please provide updated information on the State party's progress towards establishing an independent national human rights institution in accordance with the Paris Principles.

3. 本規約の第1選択議定書の加入可能性に関する締約国の立場並びに本規約第1選択議定書が定める個人通報制度を受け入れるため、締約国の司法制度や立法政策との関連での問題の有無を探る政府部内での検討の成果につき、最新の情報を提供して下さい。

3. Please provide updated information on the State party's current position concerning its possible accession to the first Optional Protocol to the Covenant and on the outcome of the internal study, which aimed at exploring whether it poses any problem in relation to State party's judicial system or legislative policy to accept the individual complaints procedure established under the first Protocol to the Covenant.

差別の禁止及び男女の平等（第2条1項、第3条及び第24条）

Non-discrimination and equal rights of men and women (arts. 2 (1), 3, 24 and 26)

4．本規約第2条1項及び第3条、第26条を完全に実施するため、締約国における直接・間接差別を禁止する国内立法の制定に向けた進捗状況につき情報を提供して下さい。人種、皮膚の色、民族、性、言語、性同一性、性的指向、政治的又は宗教的・哲学的信条、経済的又は社会的・教育的地位を理由とする、若しくは他のいかなる事由を理由とする差別事件に関する最近の裁判例及び科された罰則の種類、被害者に対する補償につき情報を提供して下さい。

4. Please provide information on State party's progress towards enacting national legislation which outlaws direct and indirect discrimination, to give full effect to articles 2(1), 3 and 26 of the Covenant. Please provide information on any recent court decisions concerning alleged cases of discrimination, on the ground of race, colour, ethnicity, sex, language, gender identity, sexual orientation, political, religious or philosophical faiths, economic, social or educational status, or any other ground, the types of penalties imposed and the compensation awarded to the victims.

5．民法及び戸籍法の一部を改正する法律案、特に女性に対する再婚禁止期間の短縮及び女性と男性の最低婚姻年齢の統一のための規定を採択する際に伴った様々な困難を克服するための措置につき説明して下さい。この件に関し、第3次男女共同参画基本計画で想定されている具体的な方法につき情報を提供して下さい。

5. Please describe the measures taken to overcome the difficulties experienced in the adoption of the Act for Partial Revision of the Civil Code and the Family Registration Act, in particular in relation to the provisions for shortening the period of prohibition from remarrying for women and for harmonizing the minimum age of marriage for women and men. Please provide information on concrete steps in this regard envisaged by the Third Basic Plan for Gender Equality.

6．以下の項目につき情報を提供して下さい：
(a) 第3次男女共同参画基本計画(CCPR/C/JPN/6、第55項)で規定された、国会、政府の最高レベル及び公務において女性の割合を高めるための数値目標を達成するための施策；
(b) 政治機能及び政策立案過程における女性と男性の平等な代表割合及びマイノリティ女性の公正な代表割合を確保するための暫定的措置を含む施策；
(c) 職場におけるジェンダー格差、特に女性と男性の賃金格差の解消のために政府が導入した、いわゆる「入札制度」及び「男女間の賃金格差解消に向けた労使の取組支援のためのガイドライン」（CCPR/C/JPN/6、第

6. Please provide information on:
(a) Measures taken to achieve the numerical targets set out in the Third Basic Plan for Gender Equality (CCPR/C/JPN/6, para. 55) to raise the representation of women in the National Diet and at the highest levels of the Government and in the public service;
(b) Measures taken, including temporary measures, to guarantee the equal representation of women and men and due representation of minority women in political functions and policymaking positions;
(c) The results achieved by the so-called "bidding system"

60–64項）により達成された結果；
(d) 職場におけるセクシュアルハラスメントが法律で犯罪化されているか（CCPR/C/JPN/CO/5、第13項）；
(e) 妊娠及び出産を理由とした女性労働者に対する解雇及び他の差別的処遇の報告
(f) 政治機能及び政策立案過程における女性の代表割合に関する民族及びジェンダー別の統計（CCPR/C/JPN/6、第54及び第59項）；

and the "Guidelines on the Improvement Measures of Wage and Employment Management for Eliminating Wage Disparity between Men and Women", both introduced by the Government to eliminate gender inequality at work, particularly the wage disparity between women and men (CCPR/C/JPN/6, paras. 60-64);
(d) Whether sexual harassment in the workplace is criminalized under law (CCPR/C/JPN/CO/5, para. 13);
(e) Reports of dismissals and other disadvantageous practices against women workers due to their pregnancy and childbirth; and
(f) Statistical data, disaggregated on the basis of ethnicity and gender, on women representation in political functions and policymaking positions (CCPR/C/JPN/6, paras. 54 and 59).

7. 啓発キャンペーンや警察官、検察官、裁判官、保健職員に対する研修等、ドメスティック・バイオレンスと闘うための具体的措置につき情報を提供して下さい。移民・マイノリティ女性、同性カップルを含む、性的暴力及びドメスティック・バイオレンスの被害者に対する被害申立て制度とリハビリテーション

7. Please provide information on the practical steps taken to combat domestic violence, such as awareness-raising campaigns and training for the police, prosecutors, judges and health officers. Please provide further information on measures taken to improve access to complaint

へのアクセス改善のためにとられた措置（CCPR/C/JPN/6、第93-100項）につき更なる情報を提供して下さい。前回の本委員会の勧告に鑑みて（CCPR/C/JPN/CO/5、第14項）、締約国が強姦を職権により起訴することができる刑事罰としての取り扱いを検討しているか示して下さい。(a) 被害申立て受理件数；(b) 捜査を行った件数；(c) 科された刑事罰の種類；(d) 性的暴力及びドメスティック・バイオレンスの被害者に対する補償に関し、ジェンダー、年齢、国籍、民族別の情報を提供して下さい。

mechanisms and rehabilitation for victims of sexual and domestic violence, including for immigrant and minority women, and homosexual couples (CCPR/C/JPN/6 paras. 93-100). In light of the Committee's previous recommendation (CCPR/C/JPN/CO/5, para. 14), please indicate whether the State party considers treating rape as a criminal offence subject to ex officio prosecution. Please provide information, disaggregated by gender, age, nationality and ethnicity of the victim, on (a) the number of complaints received; (b) investigations carried out; (c) the types of penalties imposed; and (d) compensation awarded to the victims of sexual and domestic violence.

8. 性的指向及び性同一性に基づく差別と闘うため、「性同一性障害者の性別の取扱いの特例に関する法律」を含む既存の法律及び政策に関する情報及び本規約に対する適合性につき情報を提供して下さい。性的指向及び性同一性に基づく差別を撤廃するための「第3次男女共同参画基本計画」の効果に関し、入手可能な研究を含め、情報提供して下さい。公営住宅法の最近の改正にもかかわらず、未だ同性カップルが公営住宅の制度から排除されているとの報告（CCPR/C/JPN/6、第326及び327項）につき意見を示して下さい。

8. Please provide information on the existing legislation and strategies, including the "Act on Special Provisions for Handling People with Gender Identity Disorders", to combat discrimination based on sexual orientation and gender identity, and their compatibility with the Covenant. Please provide information, including any available studies that evaluate the impact of the "Third Basic Plan for Gender Equality" to eliminate discrimination based on sexual orientation and gender identity. Please

	comment on reports that, despite the recent amendments to the Publicly-Operated Housing Act, same-sex couples remain excluded from the public housing system (CCPR/C/JPN/6, paras. 326 and 327).
9．前回の本委員会の総括所見に鑑み（CCPR/C/JPN/CO/5、第30項）、国民年金法に定められた年齢要件によって影響を受けた外国人に対して導入された経過措置につき情報を提供して下さい。	9. In light of the Committee's previous concluding observations (CCPR/C/JPN/CO/5, para. 30), please provide information on any transitional arrangements that have been put in place for non-citizens affected by the age requirements stipulated in the National Pension Law.
10．特定の集団、特に韓国人及びLGBTの人々を狙い憎悪や差別を扇動しようとする声明やスピーチに対し締約国がとった措置につき情報提供して下さい。人種的優越性を示すプロパガンダの流通及びビジネスにおける「日本人オンリー」の指定、被差別部落の人々に対する否定的な固定観念に対する取組についても情報を提供して下さい。 　生命に対する権利、及び拷問及び残虐な、非人道的な若しくは品位を傷つける取扱いの禁止、自由を奪われた者の取り扱い、公正な裁判を受ける権利（第6条及び第7条、第9条、第10条、第14条）	10. Please provide information on measures taken by the State party to address statements and speeches targeting certain groups of people, in particular Koreans and lesbian, gay, bisexual and transgender people, inciting hatred and discrimination towards them. Please also provide information on efforts taken to address the circulation of racial superiority propaganda, the designation of businesses as for "Japanese Only" and the negative stereotyping of the Burakumin. 　Right to life, prohibition of torture and cruel, inhuman or degrading treatment, treatment of persons deprived of their liberty, and right to a

fair trial (arts. 6, 7, 9, 10 and 14)

11. 精神保健及び精神障害者福祉に関する法律の最近の改正にもかかわらず、精神障害者施策は依然として多数の人々を強制的に、かつしばしば長期間に亘り入院させているという報告につき意見を示して下さい。精神障害者を入院させることに対する代替措置があるかどうか、また強制措置に対する司法審査へのアクセスを含む、効果的な法律の保護措置が実施されているかどうか示して下さい。

11. Please comment on reports that, despite the recent amendments to the Act on Mental Health and Welfare for the Mentally Disabled, the policy for persons with mental disabilities has continued to maintain a large number of persons hospitalized on an involuntary basis and frequently for long periods of time. Please indicate whether there are alternatives to hospitalization of persons with mental disabilities and if effective legal safeguards are in place, including access to judicial review over involuntary placement.

12. 死刑廃止及び本規約の第2選択議定書の加入に対する締約国の立場（CCPR/C/JPN/6、第104 – 106項）について最新の情報を提供して下さい。(a)死刑判決；(b)死刑執行数；(c)個々の判決及び量刑理由；(d)犯罪を犯した当時の加害者の年齢及び民族的出身（CCPR/C/JPN/6、第103項）；(e)死刑事案における上訴数及び結果；(f)恩赦が与えられた事案の数につき2009年以降の情報を提供して下さい。

12. Please provide updated information on the State party's position (CCPR/C/JPN/6, paras. 104-106) on the abolition of the death penalty and on the accession to the Second Optional Protocol to the Covenant. Please provide information, for the years since 2009, on
(a) death sentences imposed; (b) the number of executions carried out; (c) the grounds for each conviction and sentence; (d) the age of the offenders at the time of committing the crime and their ethnic origin (CCPR/C/JPN/6, para. 103); (e) the number and outcome of appeals in capital cases;

13. 以下の項目につき情報を提供して下さい：
(a) 締約国は、本規約第6条2項の意義の範囲内における「最も重大な犯罪」に対してのみ死刑を科すことができる（CCPR/C/JPN/CO/5、第16項）ように制限するため法律を改正する意向があるかどうか；
(b) 健康に問題のある受刑者や障害のある受刑者を含む死刑確定囚が、長期に亘り独居房に入れられ、外部交通が限られているという申立てについて；
(c) 締約国が、死刑確定囚とその家族に死刑執行の日程を事前告知しないという政策を見直す計画があるかどうか；
(d) 法務大臣の下の死刑の在り方についての検討会の結論及び締約国のフォローアップ方法；
(e) 死刑の執行の即時停止を採用することについての締約国の立場；
(f) 死刑事案において必要的見直しの制度を導入するための施策；
(g) 死刑確定者とその弁護士との厳格な秘密接見交通を確保するためにとられた措置；
(h) 恩赦請求手続きの透明性を高め、かつ再審請求及び恩赦の出願による執行停止の効力を確保するための措置（CCPR/C/JPN/CO/5、第17項）；

and (f) the number of cases in which the power of pardon was given.

13. Please provide information on:
(a) Whether the State party intends to amend its legislation to restrict the imposition of the death penalty to only the "most serious crimes", within the meaning of article 6 (2) of the Covenant (CCPR/C/JPN/CO/5, para. 16);
(b) Allegations that death row inmates, including inmates with health conditions and disabilities, are kept in solitary confinement for protracted periods and have limited contact with outside people;
(c) Whether the State party is planning to review its policy of not notifying death row inmates and their family members of the inmates' date of execution;
(d) The findings of the Minister of Justice's study group on the death penalty andthe State party's follow-up measures;
(e) The State party's position on adopting an immediate moratorium on executions;
(f) Measures taken to introduce a mandatory system of review in capital cases;
(g) Steps taken to guarantee the

- (i) 「心神喪失の状態」にある者に対する死刑執行の禁止が実際に確保されるための措置（CCPR/C/JPN/6、第113項）及び死刑確定者が死刑執行の際に「心身喪失の状態」にあるかどうかを判断する手続；
- (j) 高齢者に対し死刑を執行する政策を見直すためにとられた措置（CCPR/C/JPN/6、第113項）。

strict confidentiality of meetings between death row inmates and their lawyers;
- (h) Measures taken to enhance the transparency of the procedure for applying for pardon and to ensure the suspensive effect of requests for retrial and pardon (CCPR/C/JPN/CO/5, para. 17);
- (i) Measures taken to ensure that the prohibition of execution of persons in a "state of insanity" is upheld in practice (CCPR/C/JPN/6, para. 113) and the process to decide whether or not the inmate sentenced to death is in a "state of insanity" at the time of execution; and
- (j) Measures taken to review its policy of carrying out executions of persons of advanced age (CCPR/C/JPN/6, para. 113).

14. 前回の本委員会の勧告に鑑み（CCPR/C/JPN/CO/5、第18項）、"代替収容制度"（代用監獄）を廃止するためにとった措置につき情報を提供して下さい。代替収容制度が未だ濫用的に使用されているとの報告につき意見を示して下さい。

14. In light of the Committee's previous recommendations (CCPR/C/JPN/CO/5, para. 18), please provide information on steps taken to abolish the "substitute detention system" (Daiyo Kangoku). Please comment on reports that the substitute detention system continues to be used in an abusive manner.

15. 以下の項目につき情報を提供して下さい：
- (a) 取調べの録音・録画の試行的実施の結果（CCPR/C/JPN/6、第143 – 148項）及びこの問題に対する法務大臣の諮問機関の結論（CCPR/C/JPN/6、第150項）；
- (b) 裁判で提出される録音・録画がしばしば編集されたものであるとの申立てについて；
- (c) 取調べにおいて被拘禁者に対し弁護士へのアクセスを確保するためにとられた措置；
- (d) 警察による被拘禁者の取調べにおける厳格な時間制限を確保するための立法的措置の採用；
- (e) 制限区分第4種の受刑者に課せられる独居拘禁を含む、制限の実施；
- (f) 自由を奪われた者とその家族との定期的な接見交通を確保するためにとられた措置；
- (g) 裁判前の拘禁の実施とその期間を制限するための立法などの措置（CCPR/C/JPN/CO/5、第19項）；
- (h) 高い有罪率とその有罪判決が自白を偏重したものであることに対処するためにとられた措置；
- (i) 取調べ中を含み、自由を奪われた者に対する拷問及び不当な取扱いがなされたとの主張及び不服申立につき、報告を受けたすべての件に対し、直ちに公平で効果的な調査を行う権限を備えた強力で独立した制度の存在（CCPR/C/JPN/6、第132 – 134

15. Please provide information on:
- (a) The outcome of the experimental employment of audio and video recordings of interrogations (CCPR/C/JPN/6, paras. 143-148) and the findings of the Ministry of Justice's advisory boards on the issue (CCPR/C/JPN/6, para. 150);
- (b) Allegations that audio and video recordings presented in court are sometimes edited;
- (c) Steps taken to ensure that detainees are guaranteed access to a lawyer during interrogations;
- (d) The adoption of legislative measures to ensure strict time limits for the duration of interrogations of detainees in police custody;
- (e) The use of restrictions, including solitary confinement, imposed to inmates under "category 4" of security categories;
- (f) Steps taken to ensure that persons deprived of their liberty have the ability to maintain regular contact with their family;
- (g) Measures taken, including legislative measures, to limit the use and duration of pretrial detention (CCPR/C/JPN/CO/5, para. 19);
- (h) Steps taken to address the high conviction rates and that

項)。

convictions are heavily based on confessions; and

(i) The existence of an effective and independent mechanism, with authority to promptly, impartially and effectively investigate all reported allegations of and complaints about acts of torture and ill-treatment of persons deprived of their liberty, including during interrogation (CCPR/C/JPN/6, paras. 132-134).

宗教、意見、表現の自由（第18条、第19条）

Freedom of religion, opinion and expression (arts. 18 and 19)

16. 締約国によって捜査及び起訴されなかった誘拐及び強制改宗の事例があるとの報告につき意見を示して下さい。

16. Please comment on reports of cases of abduction, forced conversion and forced de-conversion, which were not investigated and prosecuted by the State party.

17. 前回の本委員会の総括所見に鑑み(CCPR/C/JPN/CO/5、第10項)締約国が、「公共の福祉」の概念を定義し、かつ「公共の福祉」を理由とする宗教、意見、表現の自由に課せられるいかなる制約も本規約の下で許容されている制約を越えないように明記する立法措置をとる意向があるかにつき述べて下さい。教職員が学校の行事において、起立し国歌を歌うことを拒否したことで減給若しくは停職、解雇などの処分を受けているとの報告につき意見を示して下さい。

17. In light of the Committee's previous concluding observations (CCPR/C/JPN/CO/5, para. 10), please indicate if the State party intends to adopt legislation defining the concept of "public welfare" and specifying that any restrictions placed on freedom of religion, opinion and expression on grounds of "public welfare" may not exceed those permissible under the Covenant. Please comment on reports that teachers and school personnel

have been subjected to sanctions, including salary cuts, suspension and dismissal, for refusing to stand and sing the national anthem at school ceremonies.

外国人の追放及び抑留（第7条、第9条及び第13条）　Expulsion and detention of aliens (arts.7, 9 and 13)

18. 以下の項目につき最新の情報を提供して下さい：
(a) 改正出入国管理及び難民認定法第53条（CCPR/C/JPN/6、第114及び115項）が、本規約第7条で義務化されているノン・ルフールマン原則を十全に尊重するため、効果的に実施されるようにとられた措置；
(b) 独立した異議申立制度を確保すること及び難民認定を却下された申請者が難民認定をしない処分に対し異議を申立てる前に退去強制されないよう保障するためにとられた措置（CCPR/C/JPN/CO/5、第25項）；
(c) 外国人が退去強制手続の中で不当な取り扱いを受けないこと、また不当な取り扱いがあった際には実効性ある救済と補償が受けられることを確保するためにとられた措置；
(d) 不服申立ての件数、審査が開始された数、有罪及び下された処罰についての情報。

18. Please provide updated information on:
(a) Measures taken to ensure that article 53 of the amended Immigration Control and Refugee Recognition Act (CCPR/C/JPN/6, paras. 114 and 115) is effectively implemented to ensure full respect of the principles of non-refoulement mandated by article 7 of the Covenant;
(b) Measures taken to ensure an independent appeal mechanism and to guarantee that rejected applicants are not deported before they can submit an appeal against the negative asylum decision (CCPR/C/JPN/CO/5, para. 25);
(c) Measures taken to ensure foreigners are not ill-treated during deportation operations and have access to an effective remedy and compensation, if such ill-treatment occurs; and

(d) The number of complaints lodged, proceedings instituted, and information on convictions and penalties handed down.

19. 難民申請者に対する収容の代替手段及び難民申請者の収容が最後の手段としてのみ使われることを確保するための措置に関し情報を提供して下さい。相当数の非正規移住者及び難民申請者が、収容につき十分に司法審査を求めることができない状態のまま、非常に長期間に亘り収容されているとの報告につき見解を示して下さい。締約国は難民申請をしている子ども、特に同伴者を伴わない子どもの収容を防ぐため、また彼らが適切なケアと支援を受けられることを確保するためにどのような措置をとっていますか。入管収容施設視察委員会の独立性及びその実効性を強化するためにとられた措置を示して下さい（CCPR/C/JPN/6、第156項）。

19. Please provide information on the use of alternatives to detention for asylum-seekers and on the steps taken to ensure that the detention of asylum-seekers is only used as a last resort. Please comment on reports that a considerable number of irregular migrants and asylum-seekers are detained for very long periods with limited access to judicial review of detention. What measures has the State party taken to prevent the detention of asylum-seeking children, particularly unaccompanied children, and to ensure that they are provided with appropriate care and assistance? Please indicate measures taken to strengthen the independence and effectiveness of the Immigration Detention Facilities Visiting Committee (CCPR/C/JPN/6, para. 156).

マイノリティに属する人々の権利（第26条及び第27条）

Rights of persons belonging to minorities (arts. 26 and 27)

20. アイヌの人々及び琉球・沖縄の人々が教育、公への参画及び雇用の分野で継続して差別にあっているという報告に関

20. Please comment on reports that Ainu, Ryukyo and Okinawa continue to face discrimination

する見解を示して下さい。彼らの文化的遺産及び伝統的生活様式、土地の権利を保護し促進するためにどのような措置をとっているか示して下さい。アイヌ及び琉球・沖縄の子どもたちがそれぞれの言語や文化を学ぶことができるようにするために、どのような措置をとっていますか（CCPR/C/JPN/6、第335項）。

21. マイノリティの子どもに対し十分な教育を確保する点においてどのような進捗状況があったか明らかにして下さい。締約国が朝鮮学校に通う子どもに対し、高等学校等就学支援金制度を適用するよう検討しているか情報を提供して下さい。締約国は朝鮮学校の卒業証明書を大学の入学資格として認めていますか。

奴隷及び隷属状態の排除（第8条）

22. 前回の本委員会の総括所見に鑑み（CCPR/C/JPN/CO/5、第22項）、第二次世界大戦中における軍事性奴隷制、いわゆる「慰安婦」制度の被害者への虐待に対する法的責任を認めることを締約国が検討しているか情報を提供して下さい。締約国が、被害者に対し完全かつ効果的な救済を提供し、事実を調査し、か

in the fields of education, public participation and employment. Please indicate measures taken to protect and promote their cultural heritage, traditional way of life and land rights. What steps have been taken to allow Ainu, Ryukyu and Okinawa children to be educated in their language and about their culture (CCPR/C/JPN/6, para. 335)?

21. Please clarify what progress has been made in ensuring adequate education for minority children. Please provide information on whether the State party is considering applying its tuition-waiver programme for high school education to children attending Korean schools? Does the State party recognize the Korean school leaving certificates as direct university entrance qualification?

Elimination of slavery and servitude (art. 8)

22. In light of the Committee's previous concluding observations (CCPR/C/JPN/CO/5, para. 22), please provide information on whether the State party considers acknowledging any legal responsibility for the abuses against victims of the military's sexual slavery practices during the Second

つ加害者を訴追するために立法的、行政的措置を講ずる意図があるか、またこの問題について公衆を教育し、かつ政府当局や公人による事実を否定しようとする最近の試みに対する措置を講ずるよう意図しているか本委員会に報告して下さい。

World War, the so-called "comfort women" system. Please inform the Committee if the State party intends to take legislative and administrative measures to provide victims with full and effective redress, investigate the facts and prosecute perpetrators, educate the general public about the issue and take measures against recent attempts to deny the facts by Government authorities and public figures.

23. 以下の項目につき情報を提供して下さい：

(a) 「人身取引対策行動計画2009」を実施した効果（CCPR/C/JPN/6、第116及び117項）；

(b) 被害者の特定とともに、人身取引による被害者の保護とリハビリテーションを強化するためにとられた措置（CCPR/C/JPN/6、第123－125項）；

(c) 警察、司法、検察当局、ソーシャル・ワーカーなど締約国の人身取引対策の実施に関連する専門家のための研修内容；

(d) 人身取引で締約国に入国若しくは締約国を通過する者のジェンダー別、年齢別、出身国別の統計、さらに起訴及び有罪判決、加害者に課せられた処罰に関する情報（CCPR/C/JPN/6、第119－122項）。

23. Please provide information on:

(a) The impact measured of the implementation of the "Japan's 2009 Action Plan to Combat Trafficking in Persons" (CCPR/C/JPN/6, paras. 116 and 117);

(b) Measures taken to enhance victim identification and enhance the protection and rehabilitation of victims of trafficking (CCPR/C/JPN/6, paras. 123-125);

(c) Training programmes for professionals involved in implementing the State party's measures against trafficking, including the police, the judiciary, members of the prosecution authorities and social workers; and

(d) Statistical data, disaggregated on the basis of gender, age and country of origin, on persons trafficked to and in transit through the State party, as well as information on prosecutions and convictions, and on sanctions imposed on perpetrators (CCPR/C/JPN/6, paras. 119-122).

24. 改正出入国管理及び難民認定法の下で保障される労働者の権利(CCPR/C/JPN/6、第32項)を実施、監視するためにとられている施策、特に外国人技能実習生・研修生についての施策に関する情報を提供して下さい。技能実習生・研修生に対する性的搾取及び強制労働に等しい状況があるといわれていることに対しどのような対策がとられてきたのか示して下さい。

24. Please provide information on measures taken to enforce and monitor the labour rights guaranteed under the revised Immigration Control and Refugee Recognition Act (CCPR/C/JPN/6, para. 32), particularly in relation to technical trainees and interns. Please indicate what steps have been taken to address alleged sexual exploitation and conditions amounting to forced labour of technical trainees and interns.

子どもの権利(第24条及び第26条)

Rights of the child (arts. 24 and 26)

25. 婚外子に対する差別的な法律の規定を改正する締約国の取組み(CCPR/C/JPN/6、第315–318項)につき最新の情報を提供して下さい。移住者の子どもに対する国籍の取得、相続権、出生登録に関する差別が継続していることに対する施策についても情報を提供して下さい。

25. Please provide updated information on the State party's efforts (CCPR/C/JPN/6, paras. 315–318) to amend discriminatory legislative provisions against children born out of wedlock. Please also provide information on measures to address the continuing discrimination against children of migrants with regard to the acquisition of nationality, inheritance rights and birth registration.

26. 前回の本委員会の勧告に鑑み（CCPR/C/JPN/CO/5、第27項）、締約国は、現在13歳とされている性交同意年齢を引き上げるために刑法を改正する意向があるか本委員会に報告して下さい。

26. In light of the Committee's previous recommendations (CCPR/C/JPN/CO/5, para. 27), please inform the Committee on whether the State party intends to revise its Penal Code to raise the minimum age of sexual consent from its current level of 13 years.

27. 家庭やその他の環境において体罰を明確に禁止するための施策（CCPR/C/JPN/6、第311及び312項）につき最新の情報を提供して下さい。

27. Please provide updated information on the measures taken to explicitly prohibit corporal punishment in the home and all other settings (CCPR/C/JPN/6, paras. 311 and 312).

本規約に関する情報の普及（第2条）

Dissemination of information relating to the Covenant (art.2)

28. 本規約に関し、裁判官、公務員、警察官などの法執行官、法律顧問及び教員の意識を啓発する計画につき情報を提供して下さい。本報告の準備段階における、民族及びマイノリティの集団、市民団体、NGOの関与（CCPR/C/JPN/6、第23項及び第24項）についても更なる情報を提供して下さい。

28. Please provide information on arrangements made to raise the awareness of judges, public servants, police officers and other law enforcement officials, legal advisers and teachers with regard to the Covenant. Please also provide more information on the involvement of ethnic and minority groups, civil society and non-governmental organizations in the preparatory process of the report (CCPR/C/JPN/6, paras. 23 and 24).

* 第109会期（2013年10月14日～11月1日）に委員会によって採択。

* Adopted by the Committee at its 109th session (14 October–1 November 2013).

■コラム■ジュネーブこぼれ話④　なぜジュネーブに国連欧州本部があるのか

国際都市ジュネーブの誕生は、かつて欧州の交易の十字路であったからという説もあるが、歴史的に多くの難民を受け入れてきたことに起因するとも言われている。

16世紀、ジュネーブは、カルヴァンらの宗教改革の活動拠点となり、プロテスタントの難民（ユグノー）を多く受け入れた。その結果、町の人口は倍以上に膨れ上がった。写真は、ユグノーを受け入れる場面のモザイク画であり、旧市街地にある市庁舎の壁に飾られている。その後も、ジュネーブは宗教的、政治的難民を数多く受け入れてきた。そして、1863年にアンリ・デュナンが現在の赤十字国際委員会をジュネーブに設立したことを契機として、他の主要な国際組織がこの地に設立されたと言われている。

1919年に発足した国際連盟の本部がジュネーブに置かれ、多数の国際機関がジュネーブに設立された。その後、第二次世界大戦後に発足した国際連合の本部はニューヨークに置かれたが、国際連盟本部として使われた施設は、国際連合欧州本部（国際連合ジュネーブ事務局）として利用されている。現在も、国連欧州本部のほか、世界貿易機関（WTO）、世界保健機関（WHO）、国際労働機関（ILO）等多数の国際機関がジュネーブに置かれている。

【大谷智恵】

国際人権（自由権）規約：第6回日本定期報告書審査にかかる総括所見*

2014年8月20日　国際人権（自由権）規約委員会

International Covenant on Civil and Political Rights：
Concluding observations on the sixth periodic report of Japan*

20 August 2014　Human Rights Committee

1．委員会は、2014年7月15日及び16日に開催された第3080回及び第3081回会合（CCPR/C/SR.3080 and CCPR/C/SR.3081）において、日本政府により提出された第6回定期報告書（CCPR/C/JPN/6）を検討した。委員会は、2014年7月23日に開催された第3091回及び第3092回会合（CCPR/C/SR.3091、CCPR/C/SR.3092）において、以下の総括所見を採択した。

A．序論

2．委員会は、日本による第6回定期報告書の提出及びその中で提供された情報を歓迎する。委員会は、締約国が報告の対象となる期間中において規約を履行するために講じた措置について、締約国の代表団と

1. The Committee considered the sixth periodic report submitted by Japan (CCPR/C/JPN/6) at its 3080th and 3081st meetings (CCPR/C/SR.3080 and CCPR/C/SR.3081), held on 15 and 16 July 2014. At its 3091st and 3092nd meetings (CCPR/C/SR.3091 and CCPR/C/SR.3092), held on 23 July 2014, it adopted the following concluding observations.

A. Introduction

2. The Committee welcomes the submission of the sixth periodic report of Japan and the information presented therein. It expresses appreciation for the opportunity

建設的な対話を改めて行う機会を持てたことに謝意を表明する。委員会は、締約国のリスト・オブ・イシューズ［質問事項］に対する書面による回答（CCPR/C/JPN/Q/6/Add.1）及び代表団により口頭で補充された追加情報並びに書面により提供された追加情報について感謝している。

B．肯定的側面

3．委員会は、締約国により以下の立法上及び制度上の措置がとられたことを歓迎する。
(a) 2009年12月に人身取引対策行動計画が策定されたこと。
(b) 2010年12月に第3次男女共同参画基本計画が承認されたこと。
(c) 2012年に、公営住宅法が改正され、これによって公営住宅制度から同性カップルが排除されなくなったこと。
(d) 2008年に国籍法が改正され、2013年に民法が改正されて、婚外子に対する差別規定が削除されたこと。

to renew its constructive dialogue with the State party's delegation on the measures that the State party has taken during the reporting period to implement the provisions of the Covenant. The Committee is grateful to the State party for its written replies (CCPR/C/JPN/Q/6/Add.1) and supplementary information to the list of issues, which were supplemented by the oral responses provided by the delegation, and for the supplementary information provided to it in writing.

B. Positive aspects

3. The Committee welcomes the following legislative and institutional steps taken by the State party:
(a) The adoption of the Action Plan to Combat Trafficking in Persons, in December 2009;
(b) The approval of the Third Basic Plan for Gender Equality, in December 2010;
(c) The amendment of the Publicly Operated Housing Act in 2012, to the effect that same-sex couples are no longer excluded from the publicly operated housing system;
(d) The amendment of the Nationality Act in 2008 and of the Civil Code in 2013, which removed discriminatory provisions against

children born out of wedlock.

4．委員会は、締約国が以下の国際文書を批准したことを歓迎する。
(a) 強制失踪からのすべての者の保護に関する国際条約（2009年）
(b) 障害者の権利に関する条約（2014年）

4. The Committee welcomes the ratification by the State party of the following international instruments:
(a) International Convention for the Protection of All Persons from Enforced Disappearance, in 2009;
(b) Convention on the Rights of Persons with Disabilities, in 2014.

C．主要な懸念事項と勧告

C. Principal matters of concern and recommendations

これまでの総括所見

Previous concluding observations

5．委員会は、締約国の第4回及び第5回の定期報告書の審査後になされた勧告の多くが履行されていないことに、懸念を有する。

締約国は、委員会が今回及びこれまでの総括所見において採択した勧告を実施すべきである。

5. The Committee is concerned that many of the recommendations made after the consideration of the State party's fourth and fifth periodic reports have not been implemented.

The State party should give effect to the recommendations adopted by the Committee that are contained in the present concluding observations, as well as those in its previous concluding observations.

国内裁判所による規約上の権利の適用可能性

Applicability of the Covenant rights by national courts

6．委員会は、締約国によって批准された条約が国内法としての効力を有していることは認められるものの、規約の下に

6. While noting that treaties ratified by the State party have the effect of domestic law, the Committee is

おいて保護される権利が裁判所で適用されたケースが限られていることに懸念を有する(第2条)。

委員会は、前回の勧告(CCPR/C/JPN/CO/5, para.7)を繰り返し、締約国に対して、規約の適用と解釈が、下級審を含むすべての審級において、弁護士、裁判官及び検察官に対する専門的訓練の中に組み入れられることが確保されるよう求める。締約国は、また、規約の下において保護される権利の侵害に対する被害回復のための効果的な手段をも確保すべきである。締約国は、個人通報制度を規定する選択議定書への加入を検討すべきである。

concerned at the restricted number of cases in which the rights protected under the Covenant have been applied by courts (art. 2).

The Committee reiterates its recommendation (see CCPR/C/JPN/CO/5, para. 7) and calls upon the State party to ensure that the application and interpretation of the Covenant form part of the professional training of lawyers, judges and prosecutors at all levels, including the lower instances. The State party should also ensure that effective remedies are available for violations of the rights protected under the Covenant. The State party should consider acceding to the Optional Protocol to the Covenant, which provides for an individual communication procedure.

国内人権機関

7. 委員会は、人権委員会法案の2012年11月の廃案以来、統合的な国内人権機関を設立するために締約国が何らの進展を見せていないことに、遺憾の意を表明する(第2条)。

委員会は、前回の勧告(CCPR/C/JPN/CO/5, para.9)を想起し、締約国に対して、人権の促進と保護のための国内機関に関する諸原則(パリ原則)(総会決議48/134、附属文書)に沿って、

National human rights institution

7. The Committee notes with regret that, since the abandonment in November 2012 of the Human Rights Commission Bill, the State party has not made any progress to establish a consolidated national human rights institution (art. 2).

The Committee recalls its previous recommendation (see CCPR/C/JPN/CO/5, para. 9) and recommends

人権に関する幅広い権限を持ち、政府から独立した国内人権機関を設立することを再考し、それに対して十分な財政的及び人的な資源を提供するよう勧告する。

that the State party reconsiders establishing an independent national human rights institution with a broad human rights mandate, and provides it with adequate financial and human resources, in line with the principles relating to the status of national institutions for the promotion and protection of human rights (the Paris principles) (General Assembly resolution 48/134, annex).

ジェンダー平等

Gender equality

8．委員会は、女性に離婚後6か月間の再婚を禁止し、男性と女性とで異なる婚姻最低年齢を設けている民法の差別的条項の改正を、「婚姻制度や家族制度の基本的考え方に影響を及ぼし」かねないことを理由に、締約国が拒絶し続けていることに懸念を有する（2条、3条、23条及び26条）。

締約国は、家庭内及び社会における女性と男性の役割に関する固定観念が、法の下の平等に対する女性の権利を侵害していることを正当化するために利用されないことを確保すべきである。それゆえ、締約国は、これに従って民法を改正するよう緊急の行動をとるべきである。

8. The Committee is concerned at the State party's continuing refusal to amend the discriminatory provisions of the Civil Code that prohibit women from remarrying in the six months following divorce and establish a different age of marriage for men and women, on the grounds that it could "affect the basic concept of the institution of marriage and that of the family" (arts. 2, 3, 23 and 26).

The State party should ensure that stereotypes regarding the roles of women and men in the family and in society are not used to justify violations of women's right to equality before the law. The State party should, therefore, take urgent action to amend the Civil Code accordingly.

9．委員会は、第3次男女共同参画基本計画の採択を歓迎するが、他方において、女性が政治的役割を果たすことが乏しいことに鑑みると、上記計画は限定的な効果しか有していないことに懸念を有する。委員会は、部落の女性を含むマイノリティの女性が政策決定の立場に参画する点についての情報が欠如していることを遺憾に思う。女性がパートタイムの労働力の70%を占め、また、平均すると同等の仕事について男性が受け取る給与の58%しか得ていないという報告に懸念を有する。委員会は、また、セクシュアル・ハラスメント及び妊娠・出産による女性の解雇に対する制裁措置が欠如していることについて懸念を有する（2条、3条及び26条）。

締約国は、第3次男女共同参画基本計画の進捗状況について効果的な監視及び評価をして、たとえば政党についてクォータ制を制定法で設けるなど、暫定的な特別措置をとることを含めて、公的な部門における女性の参画を増加させるために迅速な行動をとるべきである。締約国は、部落の女性を含む、マイノリティの女性の政治的参加を評価し支援するための具体的な措置をとり、女性をフルタイムの労働者として採用することを促進し、かつ、男女の賃金格差を解消する努力を倍加すべきである。締約国は、また、セクシュアル・ハラスメントを刑事犯罪とし、妊娠・出産に基づく不公正な取扱いを禁止し、適切な罰則をもって制裁を科すよう、必要な立法的措置を講じるべ

9. While welcoming the adoption of the Third Basic Plan for Gender Equality, the Committee is concerned at its limited impact, in view of the low levels of women carrying out political functions. The Committee regrets the lack of information regarding the participation of minority women, including Buraku women, in policymaking positions. It is concerned about reports that women represent 70 per cent of the part-time workforce and earn on average 58 per cent of the salaries received by men for equivalent work. The Committee is also concerned at the lack of punitive measures against sexual harassment and the dismissal of women as a result of pregnancy and childbirth (arts. 2, 3 and 26).

The State party should effectively monitor and assess the progress of the Third Basic Plan for Gender Equality and take prompt action to increase the participation of women in the public sector, including through temporary special measures, such as statutory quotas in political parties. It should take concrete measures to assess and support the political participation of minority women, including Buraku women, promote the recruitment of women as full-time workers and

きである。

redouble its efforts to close the wage gap between men and women. It should also take the necessary legislative measures to criminalize sexual harassment and to prohibit and sanction, with appropriate penalties, unfair treatment based on pregnancy and childbirth.

ジェンダーに基づく暴力及びドメスティック・バイオレンス

Gender-based and domestic violence

10. 委員会は、前回の勧告にもかかわらず、締約国が、刑法における強姦の定義の範囲を拡大すること、性的同意年齢を13歳を超える年齢に設定すること、及び強姦罪や他の性犯罪を非親告罪とすることについて、何ら進展させていないことを遺憾に思う。委員会は、また、ドメスティック・バイオレンスが依然として蔓延しており、保護命令発令までの手続に時間がかかりすぎること、かつ、この罪で処罰される加害者の数が非常に少ないことについて、懸念をもって留意する。委員会は、同性カップル及び移住女性に対して提供される保護が十分ではないという報告に接し、懸念を有する（3条、6条、7条及び26条）。

前回の勧告（CCPR/C/JPN/CO/5、paras 14 and 15）に従って、締約国は、第3次男女共同参画基本計画に記載されているとおり、強姦やその他の性犯罪については告訴がなくても起訴すること、これ以上遅滞させることなく性的行為同

10. The Committee regrets that, despite its previous recommendations, the State party has not made any progress in broadening the scope of the definition of rape in the Criminal Code, setting the age of sexual consent above 13 years and prosecuting rape and other sexual offences ex officio. It notes with concern that domestic violence remains prevalent, that the process to issue protection orders is too lengthy and that the number of perpetrators who are punished for that offence is very low. The Committee is concerned by reports of the insufficient protection provided to same-sex couples and immigrant women (arts. 3, 6, 7 and 26).

In line with the Committee's previous recommendations (see CCPR/C/JPN/CO/5, paras. 14 and 15) the State party should take

意年齢を引き上げること、また、強姦罪の構成要件を見直すことなど、具体的な行動をとるべきである。締約国は、同性カップル間も含めて、ドメスティック・バイオレンスのすべての告知について徹底した捜査がなされ、加害者が訴追され、有罪の場合には適正な制裁で処罰されること、また、緊急保護命令を与え、かつ、性暴力の被害者である移住女性が在留資格を失うことを防ぐことなどによって、被害者が十分な保護を受け得ることを確保する努力を強化すべきである。

concrete action to prosecute rape and other crimes of sexual violence ex officio, raise without further delay the age of consent for sexual activities and review the elements of the crime of rape, as established in the Third Basic Plan for Gender Equality. The State party should intensify its efforts to ensure that all reports of domestic violence, including in same-sex couples, are thoroughly investigated; that perpetrators are prosecuted and, if convicted, punished with appropriate sanctions; and that victims have access to adequate protection, including through the granting of emergency protective orders and preventing immigrant women who are victims of sexual violence from losing their visa status.

性的指向及び性同一性に基づく差別

Discrimination based on sexual orientation and gender identity

11. 委員会は、レズビアン、ゲイ、バイセクシュアル及びトランスジェンダーの人々に対する社会的ハラスメントとスティグマの付与［レッテル貼り又は烙印付け］の報告について、並びに、自治体が運営する住宅制度から同性カップルを排除する差別的規定について、懸念を有する（2条、26条）。

11. The Committee is concerned about reports of social harassment and stigmatization of lesbian, gay, bisexual and transgender persons and discriminatory provisions that exclude same-sex couples from the municipally operated housing system (arts. 2 and 26).

締約国は、性的指向及び性同一性を含む、あらゆる理由による差別を禁止する包括的な反差別法を採択し、かつ、差別の被害者に対して効果的で適切な救済を提供すべきである。締約国は、レズビアン、ゲイ、バイセクシュアル及びトランスジェンダーの人々に対する固定観念や偏見と闘うための意識啓発活動を強化し、これらの人々に対するハラスメントの申立てを調査し、かかる固定観念、偏見及びハラスメントの防止のために適切な措置をとるべきである。締約国は、また、自治体レベルで公的に運営されている住宅サービスに関して、同性カップルに対して適用されている資格基準に残されている制限を取り除くべきである。

The State party should adopt comprehensive anti-discrimination legislation that prohibits discrimination on all grounds, including sexual orientation and gender identity, and provides victims of discrimination with effective and appropriate remedies. The State party should intensify its awareness-raising activities to combat stereotypes and prejudice against lesbian, gay, bisexual and transgender persons, investigate allegations of harassment against lesbian, gay, bisexual and transgender persons and take appropriate measures to prevent such stereotypes, prejudice and harassment. It should also remove the remaining restrictions in terms of eligibility criteria applied to same-sex couples with respect to publicly operated housing services at the municipal level.

ヘイトスピーチ及び人種差別

Hate speech and racial discrimination

12. 委員会は、韓国・朝鮮人、中国人又は部落民などのマイノリティグループの構成員に対する憎悪及び差別を扇動している広範囲に及ぶ人種差別主義的な言説並びにこれらの行為に対する刑法及び民法における保護が十分ではないことに

12. The Committee expresses concern at the widespread racist discourse against members of minority groups, such as Koreans, Chinese or Burakumin, inciting hatred and discrimination against them, and the

懸念を表明する。委員会は、また、過激論者によるデモが許可されて頻繁に行われていること、外国人の生徒・学生を含むマイノリティに対する嫌がらせと暴力が行われていること、さらには民間の施設において「ジャパニーズ・オンリー（日本人以外お断り）」などと書かれた標示が公然と掲げられていることについて、懸念を表明する（2条、19条、20条、27条）。

　締約国は、差別、敵意又は暴力を扇動する人種的な優越性又は憎悪を唱道するあらゆる宣伝を禁止し、かつ、そのような宣伝を広めるためのデモを禁止すべきである。締約国は、また、人種差別主義に反対する意識向上活動のために十分な資源を割り当て、裁判官、検察官及び警察官がヘイトクライムや人種差別主義的な動機に基づく犯罪を発見することができるように研修させることを確保する努力を強化すべきである。締約国は、また、人種差別主義者による攻撃を防止し、かつ、加害行為の嫌疑者が徹底的に捜査を受け、起訴され、そして有罪の場合には、適切な制裁をもって処罰されることを確保するため、あらゆる必要な措置をとるべきである。

insufficient protection granted against those acts in the Criminal and Civil Codes. The Committee also expresses concern at the high number of extremist demonstrations authorized, the harassment and violence perpetrated against minorities, including against foreign students, and the open display in private establishments of signs such as those reading "Japanese only" (arts. 2, 19, 20 and 27).

The State should prohibit all propaganda advocating racial superiority or hatred that incites discrimination, hostility or violence, and should prohibit demonstrations that are intended to disseminate such propaganda. The State party should also allocate sufficient resources for awareness-raising campaigns against racism and increase its efforts to ensure that judges, prosecutors and police officials are trained to detect hate and racially motivated crimes. The State party should also take all necessary steps to prevent racist attacks and to ensure that the alleged perpetrators are thoroughly investigated, prosecuted and, if convicted, punished with appropriate sanctions.

死刑制度

13. 委員会は、19の死刑相当犯罪のうちいくつかが、死刑を「最も重大な犯罪」にのみ限るとする規約の要件を満たしていないこと、死刑確定者がいまだに死刑執行まで最長で40年の期間、独居拘禁下に置かれていること、死刑確定者もその家族も事前に死刑執行日の告知を受けていないことについて、依然として懸念を有する。委員会は、さらに、死刑確定者とその弁護士との面会の秘密性が保障されていないこと、死刑執行に直面する人が「心神喪失状態」にあるか否かを判断するための独立の精神鑑定が行われていないこと、再審請求または恩赦の申請には死刑執行を停止する効力がなく、かつ、実効性がないことに留意する。その上、袴田巖の事件を含むさまざまな事案において、強要された自白の結果、死刑が科されてきたという報告は、懸念される事項である（2条、6条、7条、9条及び14条）。

締約国は、下記の行動をとるべきである。

(a) 死刑の廃止を十分に考慮すること、あるいはその代替として、死刑を科しうる犯罪の数を減少させて、生命の喪失を引き起こす最も重大な犯罪に限ること。

(b) 死刑確定者とその家族に対して、死刑執行の予定される日時を合理的な余裕をもって事前告知することによって、また、死刑確定者に対して、

Death penalty

13. The Committee remains concerned that several of the 19 capital offences do not comply with the Covenant's requirement of limiting capital punishment to the "most serious crimes", that death row inmates are still kept in solitary confinement for periods of up to 40 years before execution, and that neither the inmates nor their families are given prior notice of the day of execution. The Committee notes, furthermore, that the confidentiality of meetings between death row inmates and their lawyers is not guaranteed, that the mental examinations to determine whether persons facing execution are "in a state of insanity" are not independent and that requests for a retrial or pardon do not have the effect of staying the execution and are not effective. Moreover, reports that the death penalty has been imposed on various occasions as a result of forced confessions, including in the case of Iwao Hakamada, are a matter of concern (arts. 2, 6, 7, 9 and 14).

The State party should:

(a) Give due consideration to the abolition of death penalty or, in the alternative, reduce the

最大限の例外的な事情があって、かつ、厳格に制限された期間である場合を除き、独居拘禁を課さないことによって、死刑確定者の収容体制が残虐な、非人道的な若しくは品位を傷つける取扱い若しくは刑罰とならないことを確保すること。
(c) とりわけ、弁護側にすべての検察側資料への全面的なアクセスを保障し、かつ、拷問または不当な取扱いによって得られた自白が証拠として用いられることがないよう確保することによって、誤った死刑判決に対する法的なセーフガードを速やかに強化すること。
(d) 委員会の前回の総括所見(CCPR/C/JPN/CO/5、para. 17)に照らして、死刑事件においては(上訴審による)再審査を義務的かつ実効性のあるものとし、また再審または恩赦の申請に執行停止効を持たせ、かつ、死刑確定者とその弁護士との間における再審請求に関するすべての面会の厳格な秘密性を保障すること。
(e) 死刑確定者の精神上の健康に関する独立した審査制度を設けること。
(f) 死刑の廃止を目指して、規約の第2選択議定書への加入を検討すること。

number of eligible crimes for capital punishment to the most serious crimes that result in the loss of life;

(b) Ensure that the death row regime does not amount to cruel, inhuman or degrading treatment or punishment by giving reasonable advance notice of the scheduled date and time of execution to death row inmates and their families and refraining from imposing solitary confinement on death row prisoners except in the most exceptional circumstances and for strictly limited periods;

(c) Immediately strengthen the legal safeguards against wrongful sentencing to death, inter alia, by guaranteeing to the defence full access to all prosecution materials and ensuring that confessions obtained by torture or ill-treatment are not invoked as evidence;

(d) In light of the Committee's previous concluding observations (see CCPR/C/JPN/CO/5, para. 17), establish a mandatory and effective system of review in capital cases, with requests for retrial or pardon having a suspensive effect, and guaranteeing the strict confidentiality of all meetings between death row inmates and their lawyers concerning requests for retrial;

(e) Establish an independent mechanism to review the mental health of death row inmates;

(f) Consider acceding to the Second Optional Protocol to the Covenant, aiming at the abolition of the death penalty.

性奴隷としての「慰安婦」

Sexual slavery practices against "comfort women"

14. 委員会は、一方で、「慰安婦」は戦時中、日本軍によって「強制的に連行」されたのではなかったとしながら、他方では、慰安所のこれらの女性たちの「募集、移送及び管理」は、軍又は軍のために行動した組織によって、強圧や脅迫によって、本人たちの意に反して行われた事例が数多くあったとする、締約国の矛盾した主張に対して懸念を有する。委員会は、被害者の意思に反して行われたこのようないかなる行為も、締約国の直接的な法的責任をもたらす人権侵害とみなすに十分であると考える。委員会は、また、公人によるものや締約国の曖昧な態度によって触発された者によるものを含め、元「慰安婦」の社会的評価に対する攻撃によって、彼女たちが再被害を受けていることについて懸念を有する。委員

14. The Committee is concerned by the State party's contradictory position that the "comfort women" were not "forcibly deported" by Japanese military during wartime but that the "recruitment, transportation and management" of women in comfort stations was done in many cases against their will, through coercion and intimidation by the military or entities acting on behalf of the military. The Committee considers that any such acts carried out against the will of the victims are sufficient to consider them as human rights violations involving the direct legal responsibility of the State party. The Committee is also concerned about revictimization of the

会は、被害者によって日本の裁判所に提起されたすべての損害賠償請求が棄却され、また、加害行為者に対する犯罪捜査及び刑事訴追を求めるあらゆる告訴・告発が時効を理由として拒絶されたという情報に留意する。委員会は、この状況は、過去の人権侵害の被害者にとって利用可能な効果的救済策が欠如していることを示しているだけでなく、現在も被害者に対する人権侵害が進行中であることを示すものであると考える（2条、7条及び8条）。

締約国は、以下の事項を確保するため、即時かつ効果的な立法的及び行政的な措置をとるべきである。

(a) 戦時中、「慰安婦」に対して日本軍が犯した性奴隷又はその他の人権侵害に対するあらゆる訴えは、効果的かつ独立、公正に捜査され、加害行為者は訴追され、有罪の場合には処罰されること。
(b) 被害者とその家族の司法へのアクセス及び完全な被害回復。
(c) 利用可能な全証拠の開示。
(d) 教科書における十分な記述を含む、この問題に関する生徒・学生及び一般市民の教育。
(e) 公式な謝罪を表明すること及び締約国の責任の公的な承認。
(f) 被害者を侮辱し又は事件を否定するあらゆる試みの糾弾。

former "comfort women" by attacks on their reputations, including by public officials, and some that are encouraged by the State party's equivocal position. The Committee takes into account information that all claims for reparation brought by victims before Japanese courts have been dismissed, and all complaints to seek criminal investigation and prosecution against perpetrators have been rejected on the ground of the statute of limitations. The Committee considers that this situation reflects ongoing violations of the victims' human rights, as well as a lack of effective remedies available to them as victims of past human rights violations (arts. 2, 7 and 8).

The State party should take immediate and effective legislative and administrative measures to ensure:

(a) That all allegations of sexual slavery or other human rights violations perpetrated by the Japanese military during wartime against the "comfort women" are effectively, independently and impartially investigated and that perpetrators are prosecuted and, if found guilty, punished;
(b) Access to justice and full reparation to victims and their

(c) The disclosure of all available evidence;
(d) Education of students and the general public about the issue, including adequate references in textbooks;
(e) The expression of a public apology and official recognition of the responsibility of the State party;
(f) Condemnation of any attempts to defame victims or to deny the events.

人身取引

15. 委員会は、締約国の人身取引に対する取組を評価するが、他方では人身取引が根強く続いていること、加害行為者に拘禁刑が科される件数が少ないこと、強制労働を課したことによって裁判にかけられた者がいないこと、被害者認定が減少していること、及び被害者に付与される支援が不十分であることについて引き続き懸念を有する（8条）。

前回の総括所見（CCPR/C/JPN/CO/5、para. 23）に従って、締約国は、下記の行動をとるべきである。
(a) 特に強制労働の被害者について、被害者認定手続を向上させること、また、労働基準監督官を含むすべての法執行者に対して専門的な訓練を提供すること。

Trafficking in persons

15. While appreciating the efforts made by the State party to address trafficking in persons, the Committee remains concerned about the persistence of the phenomenon, as well as about the low number of prison sentences imposed on perpetrators, the fact that no perpetrators of forced labour have been brought to justice, the decline in victim identification and the insufficient support granted to victims (art. 8).

In line with the Committee's previous concluding observations (see CCPR/C/JPN/CO/5, para. 23), the State party should:
(a) Enhance victim identification

(b) 加害行為者を精力的に捜査し、かつ、訴追し、有罪の場合には、行為の重大性に見合う刑罰を科すこと。

(c) 通訳サービス及び損害賠償請求のための法的支援を含めて、現行の被害者保護の措置を向上させること。

procedures, particularly with regard to victims of forced labour, and provide specialized training to all law enforcement officers, including labour inspectors;

(b) Vigorously investigate and prosecute perpetrators and, when convicted, impose penalties that are commensurate with the seriousness of the acts committed;

(c) Enhance the current victim protection measures, including interpretation services and legal support for claiming compensation.

技能実習生制度

Technical intern training programme

16. 委員会は、外国人技能実習生に対する労働法の保護を拡充する法制度の改正にもかかわらず、技能実習生制度の下において、性的な虐待、労働に関連する死亡、強制労働にもなりかねない労働条件に関する報告が多く存在することに、懸念をもって留意する(2条、8条)。

前回の総括所見(CCPR/C/JPN/CO/5、para. 24)に従って、締約国は、低賃金労働力の雇入れではなく、現在の制度を能力開発に焦点を当てた新しい制度に置き代えることを真剣に検討すべきである。他方、締約国は、事業場への立

16. The Committee notes with concern that, despite the legislative amendment extending the protection of labour legislation to foreign trainees and technical interns, there are still a large number of reports of sexual abuse, labour-related deaths and conditions that could amount to forced labour in the technical intern training programme (arts. 2 and 8).

In line with the Committee's previous concluding observations (see CCPR/C/JPN/CO/5, para. 24),

入調査の回数を増やし、独立した苦情申立制度を設立し、労働者の人身売買及びその他の労働法違反事案を効果的に調査し、起訴し、かつ、制裁を科すべきである。

the State party should strongly consider replacing the current programme with a new scheme that focuses on capacity-building rather than recruiting low-paid labour. In the meantime, the State party should increase the number of on-site inspections, establish an independent complaint mechanism and effectively investigate, prosecute and sanction labour trafficking cases and other labour violations.

強制入院

Involuntary hospitalization

17. 委員会は、多数の精神障害者が極めて緩やかな要件の下で強制入院を余儀なくされ、かつ、自らの権利侵害に対して異議申立てをする効果的な救済手段を利用できないこと、また、代替サービスの欠如により入院が不要に長期化していると報告されていることに懸念を有する（7条及び9条）。

締約国は、下記の行動をとるべきである。

(a) 精神障害者に対して、地域に基盤のあるサービス又は代替のサービスを増やすこと。

(b) 強制入院は、最後の手段としてのみ課せられ、必要最小限の期間に限って、かつ、本人を危害から守り又は他者を害することを防止する目的のために必要かつ相当な時にのみ行われることを確保すること。

17. The Committee is concerned that a large number of persons with mental disabilities are subject to involuntary hospitalization on very broad terms and without access to an effective remedy to challenge violations of their rights and that hospitalization is reportedly prolonged unnecessarily by the absence of alternative services (arts. 7 and 9).

The State party should:

(a) Increase community-based or alternative services for persons with mental disabilities;

(b) Ensure that forced hospitalization is imposed only as a last resort, for the minimum period required, and only when necessary and proportionate for

(c) 精神障害者の施設に対して、虐待を効果的に捜査し、制裁を科し、かつ、被害者及びその家族に対して賠償を提供することを目的として、効果的かつ独立した監視及び報告体制を確保すること。

(c) Ensure an effective and independent monitoring and reporting system for mental institutions, aimed at effectively investigating and sanctioning abuses and providing compensation to victims and their families.

代替収容制度（代用監獄）と強制された自白

Substitute detention system (Daiyo Kangoku) and forced confessions

18. 委員会は、締約国が、利用可能な資源が不足していること及びこの制度が犯罪捜査にとって効率的であることを理由として、代用監獄の使用を相変わらず正当化していることを遺憾とする。

委員会は、起訴前に、保釈の権利がないこと、また国選弁護人の援助を受ける権利がないことが、代用監獄において強制的な自白を引き出す危険を強めていることを依然として懸念する。

委員会は、その上さらに、尋問行動について厳格な規則が存在しないことに懸念を表明し、2014年の「改革プラン」(訳者注－2014年7月9日法制審議会新時代の刑事司法特別部会「新たな刑事司法制度の構築についての調査審議の結果」を指す) において提案されている取調べのビデオ録画の義務付けられた範囲が限られたものであることを遺憾とする（7

18. The Committee regrets that the State party continues to justify the use of the Daiyo Kangoku by citing the lack of available resources and the efficiency of the system for criminal investigations. The Committee remains concerned that the absence of an entitlement to bail or a right to State-appointed counsel prior to the indictment reinforces the risk of extracting forced confessions in Daiyo Kangoku. Moreover, the Committee expresses concern at the absence of strict regulations regarding the conduct of interrogations and regrets the limited scope of mandatory video recording of interrogations proposed in the 2014 "report for reform plan" (arts. 7, 9, 10 and 14).

条、9条、10条及び14条)。

締約国は、代替収容制度を廃止するためにあらゆる手段を講じること、すなわち、特に下記の事項を保障することによって、規約9条及び規約14条におけるすべての保障の完全な遵守を確保しなければならない。

(a) 起訴前の拘禁中に、保釈など、勾留に代わる措置を、当然考慮すること。
(b) すべての被疑者が身体拘束の瞬間から弁護人の援助を受ける権利を保障され、かつ、弁護人が取調べに立ち会うこと。
(c) 尋問の方法、尋問継続時間の厳格なタイムリミットと完全なビデオ録画を定める立法措置がされなければならない。
(d) 都道府県公安委員会から独立し、かつ、取調べ中に行われた拷問や不当な取扱いの申立てについて迅速、不偏公平かつ効果的に調査する権限を持つ不服審査のメカニズムに向けた見直し。

The State party should take all measures to abolish the substitute detention system or ensure that it is fully compliant with all guarantees in articles 9 and 14 of the Covenant, inter alia, by guaranteeing:

(a) That alternatives to detention, such as bail, are duly considered during pre-indictment detention;
(b) That all suspects are guaranteed the right to counsel from the moment of apprehension and that defence counsel is present during interrogations;
(c) Legislative measures setting strict time limits for the duration and methods of interrogation, which should be entirely video-recorded;
(d) A complaint review mechanism that is independent of the prefectural public safety commissions and has the authority to promptly, impartially and effectively investigate allegations of torture and ill-treatment during interrogation.

難民申請者及び非正規滞在者の退去強制と収容

Expulsion and detention of asylum seekers and undocumented immigrants

19. 委員会は、退去強制手続中におけ

19. The Committee expresses

る虐待に関する複数の報告事例について懸念を表明する。結果として、2010年には1人が死亡している。委員会は、また、出入国管理及び難民認定法の改正にもかかわらず、ノンルフールマン原則が実際のところ効果的に履行されていないことについて、懸念を表明する。委員会は、さらに、難民不認定処分に対して執行停止の効力を有する独立した異議申立ての制度を欠いていること、及び十分な理由の開示もなく、かつ、収容決定に対する独立した再審査もないまま、行政による収容が長期化していることに懸念を有する（2条、7条、9条及び13条）。

締約国は、下記の行動をとるべきである。

(a) 退去強制手続の過程において、外国人が不当な取扱いの対象とされないことを保障するために、あらゆる適切な措置を講じること。

(b) 国際的な庇護を求めているすべての人が、庇護の認定及びノンルフールマンに関する公正な手続に対するアクセスを与えられ、かつ、難民不認定処分に対して執行停止の効力を有する独立した異議申立手続に対するアクセスが与えられることを確保すること。

(c) 収容は最も短い適切な期間内において行われ、かつ、行政収容以外の既存の代替措置が適正に考慮された場合においてのみ行われることを確保し、並びに、移住者が裁判所に対して訴えを提起し、自らの収容の合法

concern about reported cases of ill-treatment during deportations, which resulted in the death of a person in 2010. The Committee is also concerned that, despite the amendment to the Immigration Control and Refugee Recognition Act, the principle of non-refoulement is not implemented effectively in practice. The Committee is further concerned at the lack of an independent appeal mechanism with suspensive effect against negative decisions on asylum, as well as at the prolonged periods of administrative detention without adequate giving of reasons and without independent review of the detention decision (arts. 2, 7, 9 and 13).

The State party should:

(a) Take all appropriate measures to guarantee that immigrants are not subject to ill-treatment during their deportation;

(b) Ensure that all persons applying for international protection are given access to fair procedures for determination and for protection against refoulement and have access to an independent appeal mechanism with suspensive effect against negative decisions;

(c) Take measures to ensure that detention is resorted to for the

性について審査を求めることができることを確保するための手段を講ずること。

ムスリムに対する監視

20. 委員会は、法執行官によるムスリムに対する監視活動が広く行われているという報告について、懸念を有する（2条、17条及び26条）。

締約国は、下記の行動をとるべきである。
(a) 法執行官に対して、異文化の理解、及び、法執行官によるムスリムに対する広範な監視活動を含む人種に基づく人物特定の非許容性について、研修すること。
(b) 濫用があった場合に、被害を受けた人々が効果的な救済手続を与えられることを確保すること。

拉致及び強制による改宗離脱

21. 委員会は、新興宗教への改宗者に対して、その家族の構成員が改宗離脱のために本人を拉致・監禁しているという報告について懸念を有する（2条、9条、

shortest appropriate period and only if the existing alternatives to administrative detention have been duly considered and that immigrants are able to bring proceedings before a court that will decide on the lawfulness of their detention.

Surveillance of Muslims

20. The Committee is concerned about reports on widespread surveillance of Muslims by law enforcement officials (arts. 2, 17 and 26).

The State party should:
(a) Train law enforcement personnel on cultural awareness and the inadmissibility of racial profiling, including the widespread surveillance of Muslims by law enforcement officials;
(b) Ensure that affected persons have access to effective remedies in cases of abuse.

Abduction and forced de-conversion

21. The Committee is concerned at reports of abductions and forced confinement of converts to new religious movements by members of

18 条、26 条)。

締約国は、すべての人に対し、自らの宗教若しくは信条を保持し、又はこれを選択する自由を強制的に侵害されない権利を保障するため、効果的な措置をとるべきである。

「公共の福祉」を理由とする基本的人権の制限

22. 委員会は、「公共の福祉」の概念が曖昧かつ無限定であり、かつ、規約(2条、18条及び19条)の下で許容される制約を超える制限を許容する可能性があることについて、繰り返し懸念を表明する。

委員会は、前回の総括所見(CCPR/C/JPN/CO/5、para.10)を想起し、かつ、締約国に対して、規約18条3項及び19条に定める厳格な要件を満たさない限り、思想、良心、宗教の自由又は表現の自由を享受する権利に対して、いかなる制限も課すことを差し控えるよう、強く求める。

特定秘密保護法

23. 委員会は、近年国会で採決された特定秘密保護法が、秘密指定の対象とな

their families in an effort to de-convert them (arts. 2, 9, 18, 26).

The State party should take effective measures to guarantee the right of every person not to be subject to coercion that would impair his or her freedom to have or to adopt a religion or belief.

Restriction of fundamental freedoms on grounds of "public welfare"

22. The Committee reiterates its concern that the concept of "public welfare" is vague and open-ended and may permit restrictions exceeding those permissible under the Covenant (arts. 2, 18 and 19).

The Committee recalls its previous concluding observations (see CCPR/C/JPN/CO/5, para. 10) and urges the State party to refrain from imposing any restriction on the rights to freedom of thought, conscience and religion or freedom of expression unless they fulfil the strict conditions set out in paragraph 3 of articles 18 and 19.

Act on the Protection of Specially Designated Secrets

23. The Committee is concerned that the recently adopted Act on the

りうる事項の定義が曖昧かつ広汎であること、秘密指定の要件が漠然としていること、及びジャーナリストや人権活動家の活動に対して萎縮効果をもたらしかねない重い刑罰が規定されていることに懸念を有する（19条）。

締約国は、特定秘密保護法とその運用が、自由権規約19条の厳格な要件に合致することを確保するため、あらゆる必要な措置をとるべきであり、特に次の事項を保障すべきである。

(a) 特定秘密に指定され得る情報のカテゴリーが狭く定義されること、かつ、情報を求め、受け及び伝える権利に対するいかなる制約も、国家安全保障に対する特定かつ同定可能な脅威を防止するためのものであって、法定性、比例性及び必要性の原則に合致するものであること。

(b) 何人も、国家安全保障を害することのない正当な公共の利益にかなう情報を拡散・頒布したことについて罰せられないこと。

Protection of Specially Designated Secrets contains a vague and broad definition of the matters that can be classified as secret and general preconditions for classification, and sets high criminal penalties that could generate a chilling effect on the activities of journalists and human rights defenders (art. 19).

The State party should take all necessary measures to ensure that the Act on the Protection of Specially Designated Secrets and its application conform to the strict requirements of article 19 of the Covenant, inter alia by guaranteeing that:

(a) The categories of information that could be classified are narrowly defined and any restriction on the right to seek, receive and impart information complies with the principles of legality, proportionality and necessity to prevent a specific and identifiable threat to national security;

(b) No individual is punished for disseminating information of legitimate public interest that does not harm national security.

福島原子力災害

24. 委員会は、福島において締約国が設定した公衆の許容被ばく限度が高いものであること、及び避難区域の一部が解除される決定がなされたことによって、人々が放射能で高度に汚染された地域に帰還する以外の選択肢を与えられないことに懸念を有する（6条、12条及び19条）。

締約国は、福島原発災害によって影響を受けた人々の生命・生活を保護するためあらゆる必要な措置を講じ、かつ、放射線のレベルが住民にリスクをもたらさない場合に限って、汚染区域として指定されていた避難区域の指定を解除すべきである。締約国は、放射線量のレベルを監視し、かつ、このような情報を時機にかなった方法において、原発災害の影響を受けている人々に開示すべきである。

体罰

25. 委員会は、体罰が学校において明文で禁止されているだけであって、これが蔓延し、社会的にも受け容れられていることに対し懸念を表明する（7条及び24条）。

締約国は、適切な場合は立法手段を通じて行うことを含めて、あらゆる場面において体罰を止めさせるため実際的な措置をとるべきである。締約国は、体罰に代わるものとして非暴力的な形態の懲戒

Fukushima nuclear disaster

24. The Committee is concerned that the high threshold of exposure level set by the State party in Fukushima and the decision to cancel some of the evacuation areas give people no choice but to return to highly contaminated areas (arts. 6, 12 and 19).

The State party should take all the necessary measures to protect the life of the people affected by the nuclear disaster in Fukushima and lift the designation of contaminated locations as evacuation areas only where the radiation level does not place the residents at risk. The State party should monitor the levels of radiation and disclose that information to the people affected in a timely manner.

Corporal punishment

25. The Committee observes that corporal punishment is only prohibited explicitly in schools, and expresses concern at its prevalence and social acceptance (arts. 7 and 24).

The State party should take practical steps, including through legislative measures, where appropriate, to put an end to corporal punishment in all settings. It should encourage

を奨励すべきであり、かつ、体罰の有害な効果について認識を向上させるために広報宣伝活動を実施すべきである。

non-violent forms of discipline as alternatives to corporal punishment, and should conduct public information campaigns to raise awareness about its harmful effects.

先住民

Rights of indigenous peoples

26. 委員会は、アイヌ民族を先住民集団として認めたことを歓迎するが、琉球・沖縄に対する認知の欠如並びにこれらの集団の伝統的土地と資源の権利又はその子どもたちが自らの言語で教育を受ける権利の欠如に関して懸念を有することを繰り返す（27条）。

締約国は、立法改正によってアイヌ、琉球・沖縄のコミュニティの伝統的な土地及び天然資源に対する権利を全面的に保障し、これらの人びとに影響を及ぼす政策につき自由かつ事前に情報を与えられた上で参画する権利を尊重することを確保し、また、可能な範囲において、その子どもたちのための自らの言語による教育を促進するために、さらなる措置をとるべきである。

26. While welcoming the recognition of the Ainu as an indigenous group, the Committee reiterates its concern regarding the lack of recognition of the Ryukyu and Okinawa, as well as of the rights of those groups to their traditional land and resources and the right of their children to be educated in their language (art. 27).

The State party should take further steps to revise its legislation and fully guarantee the rights of Ainu, Ryukyu and Okinawa communities to their traditional land and natural resources, ensuring respect for their right to engage in free, prior and informed participation in policies that affect them and facilitating, to the extent possible, education for their children in their own language.

27. 締約国は、規約、第6回定期報告書の内容、委員会によって作成された質問事項に対する回答書及びこの総括所見を司法、立法及び行政当局、国内において活動する市民団体及び非政府組織

27. The State party should widely disseminate the Covenant, the text of its sixth periodic report, the written replies to the list of issues drawn up by the Committee and the present

(NGO)並びに一般公衆に広く普及させるべきである。

28. 委員会の手続規則71条5項に従い、締約国は、1年以内に上記第13、14、16及び18項においてなされた委員会の勧告の実施に関する情報を提供すべきである。

29. 委員会は、締約国に対して、2018年7月31日を提出期限とする次回定期報告書に、すべての勧告の実施状況及び規約全体に関する具体的かつ最新の情報を提供するよう要請する。委員会は、また、締約国に対して、次回定期報告書を作成するに際しては、国内において活動する市民団体及びNGOと広く協議するよう要請する。

* 第111会期(2014年7月7日〜25日)に委員会によって採択。

concluding observations among the judicial, legislative and administrative authorities, civil society and non-governmental organizations (NGOs) operating in the country, as well as the general public.

28. In accordance with rule 71, paragraph 5, of the Committee's rules of procedure, the State party should provide, within one year, relevant information on its implementation of the Committee's recommendations made in paragraphs 13, 14, 16 and 18 above.

29. The Committee requests the State party to provide, in its next periodic report, which is due for submission by 31 July 2018, specific, up-to-date information on the implementation of all its recommendations and on the Covenant as a whole. The Committee also requests the State party, when preparing its next periodic report, to broadly consult civil society and NGOs operating in the country.

* Adopted by the Committee at its 111th session (7–25 July 2014).

■コラム■ジュネーブこぼれ話⑤
リスト・オブ・イシューズ策定のためのNGOブリーフィングに参加して

　美しき青きレマンの湖水の際に建つパレ・デ・ナシオン、2013年10月24日午後1時、第6回日本政府報告書審査のリスト・オブ・イシューズ（争点表）を策定する自由権規約委員会本会議（非公開）の参考に供するためNGOブリーフィング（討論会）が催された。1時間弱のブリーフィングは、現地の国際NGOであるCCPRセンターが主催し、事前に日本から参加するNGOの発表の題目と時間を調整し、前半のプレゼンテーション（発表）を絞った結果、後半の質疑応答に必要十分な時間が割り当てられた。自由権規約委員会（HRC）からは、当日の委員発言の取り纏め役を担当し、本審査の日本担当報告者（ラポーター）の担当が予想されるコーネリアス・フリンターマン氏（オランダ選出）を含む5名の委員が冒頭から出席し、途中から2名の委員が加わったところからすると、委員の関心も高そうだ。日本から参加したNGOは、各自が関心を持って活動している人権問題がリスト・オブ・イシューズから漏れると翌年開催される本審査の懸念や勧告に盛り込まれない可能性が予測できることから、短い手持ち時間の中に効率的かつ説得的に発表内容を絞り込んでいた。日弁連もリスト・オブ・イシューズの重要性を意識していたことから会員3名を派遣し、日弁連意見書を7分のスピーチ原稿に集約し、冒頭で婚外子相続分差別に関する最高裁の違憲判断と受刑者の選挙権制限を違憲とした大阪高裁決定を近時の国内で国際人権法の普及する例として紹介した後、朝鮮高級学校生徒が高校無償化の対象から排除されている問題とともに近時扇動的で劇場化しているヘイトスピーチの問題を取り上げ、近時の死刑執行状況を紹介しつつ、古くて新しい問題として国内人権機関と個人通報制度を具体化する必要性について言及した。質疑応答では刑事裁判の有罪率、代用監獄及び死刑制度について日弁連が回答を受け持った。NGOブリーフィングにおける日弁連のインプットが効を奏したためであろうか、国内人権問題、個人通報制度、死刑制度とともに特定集団に対する排他的な論説と発言についての国内法規制について11月14日発表にかかるリスト・オブ・イシューズに盛り込んでもらうことができた。2018年7月末を期限とする第7回政府報告書が予定通り提出される場合には翌2019年にはリスト・オブ・イシューズ策定のためのNGOブリーフィングが開催されよう。同会議にも日弁連会員が派遣されることを期待したい！　【宮家俊治】

第3部
総括所見の意義と今後の課題

座談会：総括所見の意義と今後の課題

出席者（五十音順）

五十嵐二葉	日弁連国際人権（自由権）規約問題ワーキング・グループ（以下、WG）委員（東京）
石田真美	WG 事務局委員（兵庫県）
大谷智恵	WG 事務局委員（大阪）
海渡雄一	WG 座長（第二東京）
兼川真紀	日弁連事務次長（当時）（東京）
小池振一郎	WG 委員（第二東京）
田島義久	WG 副座長（大阪）
新倉修	WG 委員（東京）
三上孝孜	WG 委員（大阪）
宮家俊治	WG 事務局長（第二東京）
山下優子	WG 事務局次長（東京）

（2014 年 9 月 29 日実施）

※末尾の括弧内は所属弁護士会。
※この座談会は、出席した委員の個人的意見及び見解を述べたものです。

はじめに

田島 それでは座談会を始めます。本日の司会を務めます田島です。よろしくお願いいたします。はじめに、兼川次長から開会のご挨拶を頂きます。

兼川 今回、自由権規約委員会は多くの重要な課題について勧告を出しました。日弁連といたしましてもこの勧告を生かして今後の活動をして参りたいと思っております。また、国際人権分野の弁護士の取組の成果を、国内的な人権擁護委員会や刑事拘禁制度改革実現本部等の日弁連の委員会の活動とうまく連携できたらいいと思っています。

海渡 刑事拘禁の委員会では、きちんと報告したりしていますが、人権擁護委員会で中心的に活動している弁護士がこの活動にコミットして来ると良いと思っています。

日弁連報告書の体裁

田島　これは私の問題意識でもあるのですけれども、本審査用とリスト・オブ・イシューズ用の書面をほとんど同じ分量なりボリュームで書きましたね。私の記憶では、国内人権機関は書き直していますけれども、それ以外はほとんどベースは一緒だと思いますが、これでいいのかどうか。日本の人権状況について、日弁連の報告書は網羅的に書かれています。自由権規約委員会の委員には、日本の人権状況が包括的に捉えられて良いのだけれども、分厚いものを何度も読まされるということになりますが、少し工夫がいらないでしょうか。

海渡　ただ、私は、これはもうこうせざるを得ないと思っています。というのは、リスト・オブ・イシューズの段階できちんと重要事項を出しておかないとリスト・オブ・イシューズから漏れる。そのリスト・オブ・イシューズに出したものについて、そのわずか数か月、１年の間に付け加わったことは加筆するしかないのだけれども、そうでないことはそのまま出しておかないと、今度は委員の手元に審査のときにこのレポートがないということになってしまうのです。

田島　リスト・オブ・イシューズの議論というのは日本審査の担当者だけでやっていて全委員とは限らないのですね。

海渡　そうです。私は、NGOである監獄人権センターの活動もしていますが、そこでもほとんど同じものを出していますし、大体、主な団体は同じものを出していると思うのです。

田島　それだったら、もうそこはやむを得ないのですね。

海渡　だから、作業の合理化のためには、同じところはもう翻訳作業が重ならないように。実際、そのようにしてやりましたね、今回も。

田島　別な翻訳にしないように。

山下　今回は加筆部分がわかるよう編集履歴を残して、そこだけ翻訳するようにしました。

海渡　ただ、今回も秘密保護法などは全く元のレポートにはなかったところをしっかり書き加えて出したわけです。だから、リスト・オブ・イシューズを出す段階でほぼ本レポートと同じようなものを作って出して、確実にリストに載せさせて、その部分を落とさずもう１回出しておくという方が正しいのではないでしょうか。

田島　そうかもしれませんね。読む対象も、日本審査の担当者と全委員と別

だから。
海渡 日弁連のものに載っていないと、それだけでどうも落ちてしまうらしいです。
田島 そうかもしれませんね。

リスト・オブ・イシューズの会期への派遣とその準備

田島 それでは、次、リスト・オブ・イシューズの会期への派遣だとか、あるいはそれに対する準備について議論したいと思います。
海渡 行った人たちの感想から。
宮家 はい。リスト・オブ・イシューズを採択するに当たって、担当委員とNGOが集まる会合があるのです。委員会の担当委員は大体5人なのですけれども、今回は8人ぐらい見えました。これは条約機関である自由権規約委員会が設定して日本のNGOに声をかけて、「NGO来てください」という会合なんです。そこで1時間の枠で、各団体がプレゼンテーションをします。それも交通整理があって非常に短縮されるのですけれども、その後ほぼ30分を使って委員から質問があるのですが、その質問に対してQ&Aでどう答えるのかが非常に重要ではないかと思いました。
石田 先ほど宮家さんがおっしゃったように、プレゼンテーションでは短時間でこちらが重要だと思っていることを委員に伝えるというのがすごく重要だと感じました。また、その委員が最初は4、5人だったのですが、後から時間が空いている委員も入ってきてくれて、自分の興味ある関心事項について、ここの点についてはどうなっているのかということを質問していただけたので、それに対しては、先程おっしゃったように的確に答えるというのが非常に重要だと思いました。
山下 聞いていて、本審査前のブリーフィングとは違う印象を受けました。つまり、本審査のときのNGOブリーフィングは、委員会主催だったものも、NGO主催だったものも、両方ともそうなのですけれども、やはりもう本審査が迫っていることもあってか、委員の頭の中では、「このような質問をしよう」とか「このようなところが論点だ」というのがほぼ固まっていて、それに補足情報をくださいというようなニュアンスが強いのではないかと思いました。それに対して、昨年10月のリスト・オブ・イシューズのときは、もう少し委員の頭がオープンといいますか、質問も、日本政府に質問をする前提というよりは、委員の関心事項があって、「具体的にはどういう状況な

のか」というようなオープンな質問が多かったように感じました。ですので、やはりその時点で委員の質問に対して的確に返答をして、その委員がまだ、フラットなわけではないとしても、いろいろな意見を聞きたいという状態の段階で様々な情報を的確に提供することで、言ってみれば私たちが委員から政府に質問してほしいような内容や、委員に関心をより深めてほしい分野をきちんと示すことがとても重要なのだろうと思いました。

田島　こちらのプレゼンでは何を行ったのですか、中身的には。

山下　そのときは、ヘイトスピーチが中心でした。ヘイトスピーチを何とかリスト・オブ・イシューズに載せてもらうというところが、そのときの最大の課題でした。あとは国内人権機関と個人通報制度についての再度のお願いでした。

海渡　やはり、せっかく行ったときに、どの委員がどの課題について発言していたかということをきちんとデータにしておいて、それをNGOの皆さんに配るというようなことを行った方が良かったのではないでしょうか。

山下　そのようなリストを作って、委員会内ではメーリングリストで共有しています。

海渡　そうですか。

石田　ただ、現地には、審査の、ブリーフィングの直前に行ったので、委員の顔と名前があまり一致していない状況だったのです。参加する委員は、ふらっと入ってきて普通に着席していて、名前のプレートが置かれていなかったので、なかなかどの委員がどれを質問したというのはその時点ではわかりづらかったです。その後、他国の審査を行っている議場に残って、一所懸命顔を見ながら、この委員がこの質問をしたというのを2人で作ったのです。

山下　ホテルに戻ってからも、この人だった、この人だったというような作業をしました。

田島　大変大事な会議だったのですね、これは。

海渡　そうですね。

田島　第5回のときはこのようなものはなく、いきなり本審査で、それまでにカウンターレポートを提出してということだったから。今回がこの方式になって初めてでしたね。

海渡　条約機関の審査のやり方が変わったのです。だから、リスト・オブ・イシューズを決める段階でほぼどのような勧告が出されるかということまで決まってしまうのです。

田島　これは、自由権規約以外でもそうなっているのですか。

海渡　大体そうなっていると思います。

石田　そうなっていると聞いています。

三上　リスト・オブ・イシューズ段階で中心になった委員というのは日本の関係ではどなたでしたか。

山下　フリンターマンさんでしたね。

海渡　彼がラポルトゥールだったのですね。

石田　はい。そうです。

田島　それだったら、リスト・オブ・イシューズのその会期の派遣は3人で十分でしたか。どうですか。

宮家　人員的には十分ですね。

山下　すごく大事なのは大事なのですけれども、ただ、CCPRセンターの方から委員は本審査の国の審査を優先するので、ジュネーブまで来られても委員がそれほど時間は取れないので、覚悟しておいてくださいというようなことを、行く前から散々言われてはいました。実際、NGOブリーフィング後等は、そのまま会議室に移動する前に話しかけてきてくださって「さっきの話なんだけど」と聞いてくださる委員ももちろんいたのですけれども、それ以外のロビーイングというのは難しいのではないかと思います。

石田　ただ、今回、本審査に行って感じたのですけれども、10月のときは、そのようにCCPRセンターの方から言われていたので、あまり委員の手を煩わせてはいけないのではないかと遠慮がちだったのですけれども、今回はいろいろと、嫌そうな顔をされても何度も何度も行くというのを経験しまして、その図々しさもある意味必要ではないかと思いました。自分の伝えたいことは、この委員と決めて行って「こういう問題があるんです」というのをアピールするのはすごく大切ではないかと思います。

宮家　どうしてもリスト・オブ・イシューズに入れてほしい項目で真新しい課題などは、そこでロビーイングした方がいいかもしれないですね。

田島　そうしないと難しいかもしれないですね。

海渡　それをしなければだめなのです。ヘイトスピーチが入ったのはそのおかげですね。

田島　本審査の方で議論したらいいかもしれませんけれども、日の丸・君が代問題でNGOの人が言ってましたが、ロビー活動が足らなかったから、リスト・オブ・イシューズの段階では載ったけれども、それで安心してしまって明確な形で勧告に載らなかったと反省していました。だから、両方かなり頑張ってやらないと成果として残らないということですかね。

海渡　だから、はっきりしていることは、リスト・オブ・イシューズに載らなかった問題で今回取り上げられたのは原発事故の問題と秘密保護法の問題ですが、これは、確かに世界的に有名なことですから。秘密保護法の方は、少なくともリスト・オブ・イシューズを決めた段階ではまだ成立していなかった法律のことだから入ったのだけれども、基本的に入らないと考えた方がいいと思うのです。けれども、リスト・オブ・イシューズに入ったから必ず勧告が出されるかというと、本審査で委員の質問が出なかったら終わりなので、そこをよく日弁連もNGOもわかっていなければいけないと思います。だから、この項目について質問してくれるということを約束している委員を1人だけではなくて必ず2人、3人ぐらいまで確保しておかないと。ほかの人が質問したらきちんと載るのだけれども、質問しなかったら勧告には載らなくなるという冷酷な現実があるということを銘記すべきですね。

田島　もう、まさに日の丸・君が代問題がそうでした。誰も議論しなかったから、明確な形で勧告には載っていないですね。では、リスト・オブ・イシューズの非常に重要な派遣で、かなりの成果があったという総括でいいですね。

海渡　だから、次回も必ず行った方がいい。むしろ、私が思うのは、リスト・オブ・イシューズを決める会期は行っているNGOの数もそれほど多くなく割とゆったりとして話ができるので、できたらそこでどの人が中心かということをきちんと把握してきて、そのことを後から行く国内のNGOにも知らせてあげるというようなことも日弁連の大きな任務ではないかということです。今回も、顔写真入りで「この人は大体こういうテーマに興味がありますよ」というのをメールで送ったら非常に喜ばれました。あのようなことは現場で思い立ってやったことだったのだけれども、もう少し前から意識的にやっても良かったと思います。

CCPR センターの登場

田島　それでは議論を本審査の方に移していきますけれども、今回、CCPRセンターというジュネーブのNGOが立ち上がって、そこがイニシアチブをとってNGOを全部取りまとめたというのが第5回までにはなかったことですね。ここが一番新しい出来事です。これについての良かった点、あるいはもう少しこうしたら良かったという点はありますか。

　第5回のときは、現地に行ってNGOをまとめるという作業があったのですが、今回、CCPRセンターができたおかげで事前準備からNGOの議論が

できたのです。それは非常に良かったのではないかと私は思っているのですけれども、その点を少し意見交換してみましょうか。

海渡 NGO側でもNGOネットワークというものを作って、もう1年ぐらいかけてずっとどのようなことをやるか、共通のイシューのリストを作って、それに日弁連のレポートのどこに載っていて、それ以外のレポートでどのようなものがレポートで出ているというものを作ったでしょう。それを委員に渡すというようなことに一所懸命取り組んで、NGO側はかつてないぐらいよくまとまっていたと思います。ずっとそのNGOの会議に私は出ていたのですが。

山下 国内では、日弁連主催でNGOのミーティングをという形を取り、それにCCPRセンターの担当者にスカイプで参加していただきました。そのときは、リスト・オブ・イシューズ採択のためのNGOブリーフィングについて、当日はこのような進行になりますとか、今後はいついつまでにその原稿を出してくださいというような具体的な説明をCCPRセンター担当者からしていただきました。

田島 あれは日弁連主催だったのですが、かなり参加されましたね。人数的には30人ぐらい来たのではないでしょうか。今後、あのような方向で日弁連が中心になってCCPRセンターと連携しながらできそうな体制は、今回、第6回の準備で結構現実的に可能な状況になってきたのではないかと思いますけれども。

海渡 やはり、それぞれの条約機関によって違うけれども、自由権の場合は日弁連がかなり表に立ってやらないと、NGO間にもそれぞれ考え方の違いがあったりして1本にまとめるのはなかなか大変なのです。そのような意味でも、私はこの日弁連の国際人権（自由権）規約問題ワーキンググループでNGO全体をまとめていくというのは今後もやらざるを得ないのではないかと思います。

田島 そのような点では異論はないですね。

参加者 はい。

本審査前の日本での準備

海渡 この間の、ほかの条約機関の話になるけれども、拷問禁止条約の関係でモーリシャスのドマ委員が今年（2014年）日本に来られましたね。あのときに外務省に表敬訪問に行ったのです。そこで、外務省総合外交政策局人

権人道課長が対応されて日本が文明国かどうか見てくださいというような話をされました。このような経過があって院内集会のときに各省庁を集めてやるということについて協力的になっていったのではないかと思いますけれども。

小池 はい。ドマさんは非常に紳士的で、日本のすべてが中世だとは言っていないと。ただ一つだけ、刑事司法に関して問題があるということを言っているので、ほかはものすごく尊敬していると。近代的な文明で本当に尊敬していると。そのような前置きをした上で、ただ一つだけ刑事司法について、これももう少し運用で変えればもう済む話なのだという言い方をして、すごく和らいだのです。さすが上手いなと。

海渡 そのときに、ドマ委員に法務省の刑事局長も会ってくれたのです。それも良かったと思います。

小池 国内人権と国際人権とをマッチさせなければいけないというのが法務省とドマさんとの1時間にわたる会話の中心テーマだったのです。警察を表敬訪問したときもまた面白くて、取調べの規制の問題で、人権と治安とのバランスをどこでとるか、お互い悩みもあるのだと。警察も悩んでいるし、われわれも悩んでいるのだと。お互い悩みがあるのだと。お互いよく考えましょうという言い方をする。すごく良かったです、雰囲気が。というような流れがあって、外務省との関係もすごく改善されて。

海渡 確かその頃、その人権人道課長にもう1度会いに行ったときに、院内集会をやるのでよろしくと言ったら、わかりました、やりましょうとなったのではないかと思います。

田島 そうだと思います。

海渡 そして6月18日にその院内集会をやって、中身がすごく盛り上がる集会だったというと言い過ぎだけれども、とにかくたくさんの政府関係の人たちも来てくれて、一応それぞれの項目について政府が考えていることの説明がなされました。

小池 ずいぶん来られたのではないですか、政府関係者は。今までで一番多かった。

海渡 NGOの方もいっぱい来てくれて。あそこに参加されたのがほぼジュネーブに行った人たちと重なっていたのではないでしょうか。そのような意味では、事前にあの会合をやっておかなかったら、ジュネーブの現場でもあのように秩序正しくはやりにくかったかもしれないですね。

田島 そうですね。

海渡 NGO側もきちんとまとまれたし、政府との間では。もちろん、審査そのものはかなり激しいやり取りだったけれども、われわれと政府側との間では問題がなかった。

田島 むしろ、きちんと話をできる関係にもう審査の時点ではなっていましたから良かったと思います。では、本審査の前の準備段階はそれとしてですね、本審査に行ったときのロビー活動の評価ですね。これはどうですか。

本審査でのロビー活動

海渡 まず、袴田さんの『BOX 袴田事件 命とは』の映画をやると決めたことについては、名張事件の映画にするか等、少しめたのだけれども、やはり袴田事件で良かったと思います。袴田さんの事件自身、委員もよく知っていたし。ただ、委員が誰も来なかったというのは、ここでは自白しておいた方がいいと思います。地元のジャーナリストや国連の関係者は何人か来てくれていたのだけれども、金曜日の夜というのは、委員はほとんど自分の国に帰るのだということがわかりました。「悪いけど、今日はもう国に帰るんだ」ということで来てくれなかったといいますか。ただし、そこで粘って「来てください、来てください」といって、最後まで「行く」といっていた人は1人か2人いたのです。けれども、その人も最終的には来なかった。だけれども、行かなくて申し訳なかったと思ったのか、袴田事件ということを発言の中で触れてくれた委員は3人いたのです。そのような意味では、国連の中で"Hakamada Case"（袴田ケース）という言葉が3回も、3人もの委員から発言されたというのは、あのチラシを一所懸命配ったことの大きな成果だと思います。日程的には、だから、今回、週末を挟んだということがものすごく辛かったといいますか。審査が週明けすぐから始まるという。あの週の後半に審査が入っていればもっと上手くやれましたね。

三上 私は、個人的には袴田事件と死刑問題を強調して訴えたいと思っていました。会議場で、休憩時間に、委員全員に名刺を配って片言の英語で話し掛けました。やはり委員に接触するというのは大事だと思いました。一応、外国の新聞記事とか直前に作った日弁連の追加レポートや袴田事件の映画の案内等も配りながらいろいろ話し掛けました。委員によっては反応はいろいろでした。袴田事件のことについて「大変なんだということはよくわかっている」と、「あれはけしからん」といわれた委員もあるし「あっ、そう」というので愛想なかった人もありました。やはり、日本から来て弁護士が袴田

事件と死刑問題を訴える、直接委員に働きかけるというのは良かったと思います。それは必要だと思いました。その活動が、勧告にも反映していると思うのです。

田島 ただ、ロビーイングの関係でいうと、第5回のときには事前に、本審査の前に委員を呼べたのです。これが最近かなり厳しくなって、審査の中身よりも、その被審査国に来るということ自体に非常にナーバスになっている。それが、ロビーイングの形を少しわれわれも変えないと仕方なくなってきたのです。

宮家 記者会見もだめだったのです。決まっていたのだけれどもキャンセルされたのです。

田島 だから、以前は元委員の安藤仁介先生の意見をお聞きしたりして、事前に委員を呼べて、そこでかなり代用監獄を見てもらったりというロビーイングができたのだけれども、これができなくなった。リスト・オブ・イシューズの会期に行ってフォローして、本審査でも何かやってフォローしないと仕方がなくなったという、そのようなわれわれの活動上の変更をせざるを得ないことも、またここで確認しておかなければ仕方がないです。

海渡 ただ、私が思うのは、その委員が来られるといいますか、むしろ来なければいけないのはフォローアップのときだと思うのです。これは誘ったら来ると思うのです。ドマ委員もきちんと来られたでしょう。あれはフォローアップのためなのです。日本政府がきちんとフォローアップしているかどうかを見るために来てくれたので。そのときにきちんと自分たちの見解を出した上で、政府とそのことについて対話するというのは委員会の職務なわけで。事前に予断を持ってはいけないという考え方なのだと思うのです。でも、毎回見ているわけだから別に途中に来ても構わないと思うのだけれども。何となくフォローアップのときだけは行っていいという雰囲気になっていると思うのだけれども、どうですか。

小池 ドマさん来日のときにそのように感じました。フォローアップのときは何の問題もないということ。むしろ、大義名分があるのではないかと。委員会として誰かがフォローアップのために締約国に来るということはむしろいいことだという感じに受け止められました。

田島 事前でも、われわれが呼んだときには政府関係者にもきちんと会わせるのだけれども。それでもそのような懸念を言うから。

宮家 でも、それはもうだめになったのだから仕方がないので、そのフォローアップで頑張るしかないですね。

田島 そうですね。それから、本審査のときに日弁連から行ったのは何人でしたか。

海渡 10人ですね。

田島 これは、もう最低限の人数でしょう。10人ぐらいいたからどうにかできたという感覚ですけれども、私は。特に、若い人が、英語を駆使してやれる人が、やはり6人、7人いないと厳しいですね。

海渡 今回、本当にチームで組んでいろいろ作業したでしょう。翌日何するかということを決めて、夜なべ仕事で皆さんにご苦労をかけたのだけれども、それを翌日プレゼンテーションするというところまで2、3回行った。あれぐらいのことができたのは、やはりこの陣容があったからだと思います。だから、今後も是非ともそのような組織体制にはしてほしいと思います。

田島 そうですね。

海渡 一般的には会議に行って聞いているだけと思っているかもしれないのだけれども、実際にそのとき議論されたことを踏まえて、翌日のプレゼンテーションの内容を一晩で考えているわけです。それは、だから1人や2人では絶対できないのです。

石田 今回感じたのですけれども、派遣する委員は、いろいろな分野にそれぞれ強い人をばらばらに選ばないと適切な情報提供ができないのではないかと。今回、割と上手くいたのでバランス良くできたのではないかと思います。

海渡 要するに、外国人とか男女平等とか刑事関係等、そのようなそれぞれの分野の専門家がいて、何か言われてもその場でも答えられるし文書も作れると。やはり、その専門分野の人がきちんと揃っていて、それで文書が出せるというような対応をしていたNGOというのは少ないのです、現地でも。自分たちのテーマが局限されていて、そしてその人が英語ができるという場合、一所懸命やっているNGOもあったけれども、どのような問題にも対応できるというようなNGOはないのです。そのような意味でも、日弁連の重要性というのはあるなと思いましたけれども。

宮家 それと、何といっても、新倉さんをはじめとして日本のバックアップの方々にはお世話になりましたね。現地プラス日本国内の支援があって初めてできるのではないでしょうか。

田島 これは、第5回のときもそうだったのです。

宮家 そうですね。

田島 だから、日本側で資料収集等、すぐに対応してくれる人がいないと非常に厳しいです。それも、第5回、第6回通じての教訓ですね。日弁連とし

て、やはり実働が、英語ができる若い人で体力がある人が6、7人は絶対にいるのだと。それから統括する何人かがいるということになると10人はもう必ずいると、このロビー活動には。

五十嵐 先程専門的なことと言われましたけれども、ここの人たちだけでは賄えない問題があると思うのです。だから、各委員会にお願いして、例えば刑事問題なら刑事問題の専門家とか両性平等だったら両性の専門家を入れた方がいいと思うのです。

田島 大きなところは大体はカバーしていたのです。

海渡 でも、例えば精神医療の問題などは、この中には誰もいないから。

特定秘密保護法について

田島 では、個別のテーマについて意見交換しましょう。まずは特定秘密保護法から議論しましょう。

海渡 特定秘密保護法に関しては、事前にリスト・オブ・イシューズに入っていなかったのは、まだそれを決めた段階で法律が通っていなかったからなのだけれども。私は、もう本当に取り上げてもらえるかどうかということ自身が非常に不安だったわけです。けれども、たくさんのNGOがレポートを出してくれた。日弁連も出しましたけれども、米国のオープン・ソサエティが出してくれた。19の団体の連名のも出したし、アムネスティも出してくれた。そのような様々な団体が同期したということもあって、ドイツのフォー委員が、日本政府が提供した法律の中身まで読んで、かなり詳しい長めの発言をしてくださっていました。日本政府自身がきちんと7月の最初の段階で国連宛てに英訳した法律を出していたのです。そのような意味で、勧告の中身でも恣意的な秘密の指定ということと市民やジャーナリストの処罰される危険性が払しょくされていないというわれわれが法案を批判してきたときの重要な根拠が取り上げられたということで、この審査で秘密保護法の問題を取り上げようと思っていたミッションは達成されたのではないかと思いました。

海渡 リスト・オブ・イシューズに入っていなかったので、なかなか質問が1日目は出なかった。

田島 そうです。出ていないといって心配していたのです。

海渡 本当にイレギュラーな形で勧告にきちんと入れてもらえたのは、もちろん国際社会から見て、この法律が非常に問題があるからなのでしょうけれども、日弁連がきちんとレポートを出して、ブリーフィングの中などでも、

短かったけれども触れてもらったとか、そのようなこともあるのではないかと思っています。

田島 総括所見の23項ですね。ここで指摘されている懸念事項というのは日弁連も言っていることなのですね、ほとんど。

海渡 そうです。

田島 この勧告から漏れていることで重要なことというのはあるのですか。

海渡 もう一つだけあります。重要なことは、独立の第三者機関が必要だということを一所懸命言っていたのだけれども、その問題は規約の保障という問題とは違うのかもしれませんね。

田島 隣り合うような問題ですけれども、それを保障するという点では。

海渡 でも、基本的に処罰の問題と秘密の指定の問題と両方にきちんと言及する勧告になっているということにおいては非常に良かったと思います。

田島 はい。これは、かなり、ほかのNGOの活動も含めて成果が出たという総括でいいですか。ほかにご意見はありますか。よろしいですか。

ヘイトスピーチについて[1]

田島 では2つ目、ヘイトスピーチですね。このヘイトスピーチについての勧告は12項ですね。これについてはどうでしょうか。

宮家 十分取り上げられて、このような勧告が出たことは素晴らしいことだと思うのです。われわれが主張したかったことは基本的に入っているのではないでしょうか。

田島 例えば、特にどのような点が良かったですか。

海渡 この勧告のポイントは、人種差別的なヘイトスピーチというものを刑事法的に捜査、起訴して、きちんと適切な制裁も、処罰しなければいけないと言っている部分だと思うのです。この部分は日弁連の意見には含まれていないのです。ここははっきりさせておく必要があるのだけれども、日弁連内でこの勧告そのものの意見にはなっていない。もちろん、その表現の自由がすごく重要だからという、これに対して害があるような法律を制定することに慎重という意見が日弁連の中の委員会などにはあるのだろうと思います。けれども、今回のこの審査の中で、これはイスラエルのシャニー委員がはっきり言われたと思うのだけれども、表現の自由が大切だというけれども、その表現の自由ときちんと両立するような処罰ということを言われましたね。最後のフォローアップの質問の中でいわれたと思うのです。今回のこの審査

の後に出された人種差別撤廃委員会の勧告でも刑事法的な規制ということがはっきり打ち出されています。しかし、その中にこの法律、制度をもって市民の政府に対する合法的なデモンストレーションを取り締まるような規制をしてはいけないということも入っているのです。だから、やはりこの勧告のようなことを実現しろということが日本政府に向けられている。

田島 特に、日弁連の取り組みとの関係でいうと、ヘイトスピーチに関するプロジェクト・チームがもう立ち上がったのですね。

五十嵐 人権擁護委員会の中に。

田島 もう一つ運動論的なことを紹介しておきますと、最近、大阪で、鶴橋の周辺の住民を中心とした動きがあって、それで、条例制定をするという運動体が立ち上がっているのです。多民族共生という観点から1万人署名をやるということで動き出しています。弁護士もたくさん呼び掛け人になって、その運動も始まっているのです。ですから、市民的な運動も加えてですね、表現の自由とヘイトスピーチのバランスをどのようにするのかということも市民的にも日弁連は問題提起していかなければいけないと思います。

宮家 おっしゃる通りだと思います。

田島 本当にこれはどのような法律を作るかは問題なのですけれども、議員に対して理解を求めるという運動を一方でしないといけないですね。

五十嵐 そうですね。

---

1 日弁連は、2015(平成27)年5月7日付けで、「人種等を理由とする差別の撤廃に向けた速やかな施策を求める意見書」〈http://www.nichibenren.or.jp/activity/document/opinion/year/2015/150507_2.html〉を取りまとめた。その内容は本書210頁に概要を掲載した。

死刑制度と刑事拘禁、刑事司法をめぐって

田島 次に死刑問題と刑事施設、拘禁の問題を併せて議論していきたいと思います。

海渡 まず、今回、やはり代用監獄問題と死刑制度というのは2つともフォローアップに選ばれているということ、そして袴田さんの名前が出てきた発言が3人の委員からなされたのですが、代用監獄・取調べと死刑に関する発言だったと思うのです。そのような意味で、日本の刑事司法制度が持っている闇の部分、国際社会から見て容認しがたい部分がはっきりした。代用監獄制度について、政府が、今まではリソースが足りないから廃止できないとい

うような言い方をしていたのだけれども、今回は便利なのだと説明した。弁護士や家族の面会にとって便利だということを言い出した。これが委員会の逆鱗に触れて、便利だからということで人権侵害のもとになるような制度を容認することはできないとはっきり言われていました。改めてこの代用監獄問題というのが極めて重要で、取調べの可視化が多少進むだろうという見通しがあり、委員会もそれは良いことだとは言いましたけれども、この可視化の範囲自体が限定されていて、十分と思えないということもはっきり言われた。

死刑制度に関していうと、心神喪失状態にあるか否かについてきちんと精査するシステムがない、ないしは再審請求や恩赦の請求をしていても死刑の執行を停止する効果がないことが問題とされた。それから、袴田事件に触れて、強制された自白の結果として様々な機会に死刑が科されてきたという報告がある。このことに懸念を表明するとされた。えん罪で処刑されたケースがあるのではないかということを、断定はしていませんけれども、懸念を表明するという形で見解が出された。えん罪による処刑の可能性があるような死刑制度そのものについて廃止を前向きに検討をしてほしいということが打ち出されたという意味で画期的な勧告だったのではないかと思います。

刑事拘禁の関係について言うと、刑事拘禁制度については1998年、2008年の勧告で重視され勧告されてきたと思います。これらの勧告は今回も維持されているとは思うのですけれども、1項目の勧告としては出ていないのです。ロドリー議長は刑事拘禁の問題のプロなのです。国連の拷問問題特別報告者を担当され、日本の刑務所における独居拘禁の問題などについても深い見識を持たれている方なのです。今回、審査のときにお会いしたときに、日本の独居拘禁の状態はどうなっているかということを聞かれました。私は、日弁連のレポートにも書いてありますけれども、もちろん独居拘禁はなくなってはいないけれども、政府が、前回の自由権のフォローアップ事項に選び、独居拘禁の件数を減らしますと約束し、2009年以後独居拘禁者数が減っていると答えました。ロドリー議長は、「日本でそのような(前向きの)ことが起きるのか」といわれ、変わらない日本で本当に変わったのかと喜んでおられました。今回、委員の中で刑事拘禁の問題については、死刑確定者の処遇の部分はしっかり、独房におかれていること、家族や弁護士との面会が制限されていることなどに触れられているのですけれども、刑務所そのものの問題が触れられなかったというのは、委員会自身が少し様子を見ようと思っているせいではないかと考えます。

小池 ロドリー議長の閉会の挨拶が非常に象徴的なのですけれども、もう何度も同じことを言わせるなという発言で、冒頭から始まり、繰り返しのプロセスがあると言われました。勧告しても考慮されないで、また同じ勧告をするという繰り返しで、これは資源の有効活用とは言えないというようなことを言いました。まず言ったのは代用監獄問題なのです。それだけ委員会にとってはこの代用監獄問題は歴史的な経緯もあるわけですけれども、やはり重視している。それから、可視化は一定程度改善されるでしょうけれども、弁護人の立会いも認められていないと言われた。拷問禁止委員会なども含めて勧告しているのに、日本政府が抵抗していることが残念だと、そこまで言い切っている。ずいぶん踏み込んだ言い方をしているという感じがしました。それが勧告にも反映されている。勧告でも、弁護人の取調べの立会いとか、あるいは取調時間の制限とか、それから全部のビデオを録画するべきだといったことを明確に述べているというのはそれが反映されていることだと思います。

三上 死刑問題については、今回、袴田事件が大きく取り上げられたということが大事な特徴だと思うのです。こちらもいろいろな資料を配ってロビーイングをしました。3人の委員から具体的に"Hakamada Case"（袴田ケース）ということで名前を挙げて、同じような死刑えん罪事件があるのではないかというような質問が出ました。勧告の中にも、死刑廃止を十分考慮すべきであるとされました。しかも、死刑廃止条約（自由権規約の第2選択議定書）に加盟すべきだということまではっきりと勧告に入れられました。この勧告は、日本政府に対し、死刑問題について正面からもう一度向き直る必要があるという国際社会からの強いアピールではないかと思いました。ところが、日本政府の答弁は、袴田事件については東京高裁に抗告しましたと言うだけです。具体的な改善のことについては何も言いませんでした。これでは、国際社会の批判に答えていないと思いました。

　代用監獄の問題では、日本政府は独立した視察委員会を設けているのだと、留置施設視察委員会というものを設けているのだと、独立した機関を設けているのだから代用監獄の弊害はないのだという答弁をしました。しかし、大阪府警では、大阪弁護士会が委員を推薦することを受け入れていません。法務省は、全国の刑事施設視察委員会で、弁護士会を通じて独立した弁護士の委員の推薦を受け入れています。ところが、警察庁、国家公安委員会は、地方警察の自主性という理屈で、全国の警察の留置施設視察委員会で、弁護士会推薦の委員を受け入れることを徹底していないという問題があります。そ

の問題はきちんと指摘し、留置施設視察委員会の独立性を強めていく必要があると思います。

海渡 イスラエルのシャニー委員は、袴田事件だけではなくて、強制された自白によって処刑されたケースがあるのではないかという発言をしていますね。

五十嵐 そういう発言があったのですね。

海渡 発言もありましたし、勧告の中にもそのような言葉があるのです。

宮家 13項の本文にありますね。

海渡 日本においてえん罪事件として袴田事件だけが孤立してあるのではなくて、ほかにもそのようなケースがあるのではないか。このようなシステムの中でやっていれば、間違いはほかにも起きている可能性があると委員会が考えている証拠ではないかと思います。

田島 厳しく言われていましたね。審査の中で、日本は経済的には裕福なのだからこのようなことも全部できるだろうというようなことを言われていたでしょう。非常に厳しく代用監獄が議論されているなと、むしろ新鮮に思いました。

小池 代用監獄問題はすぐ廃止という状況にないから、客観的に、どうやってその廃止に向けて運動をするかというときに、各論の方から迫っていくという方針が採られてきた。取調べの可視化の問題もそうです。弁護人立会いとか、取調時間の規制とか、そのようなことによって取調規制の実績を作っていくことによって代用監獄における取調べの意味を薄めていくという方法を現時点ではやらざるを得ないのではないかというような思いが刑事拘禁の委員会の中ではあるのです。立会いの問題、取調時間の問題、可視化の問題を本当に実効あるものに進めていく。ここをポイントにしたいということでやってきた。

五十嵐 弁護人と家族に便利だというのであれば、その拘禁場所はそのまま拘置所にすればいいのだという議論は昔からあるのです。それと、第三者委員会ができたからいいではないかといいますが、第三者委員会は、拘禁の処遇の問題についてであって取調べの問題について活動できないのです。警察官がいつまでも自分の手元に置いて取り調べるというのがいけないというのが代用監獄の眼目なのです。

小池 取調べの時間規制は、一応、警察もやっています。内部的なもので、非常に不十分だと思いますけれども。

　深夜の取調べをやらせないような規制を法制審議会で議論するべきだと言

い続けていたのですが、なかなかできなかったという経緯があります。弁護人の取調べの立会いについては棚上げ、次に送りましょうという形で法制審議会は進んでいきました。

国内人権機関をめぐって

田島 制度的な問題としてずっと言われ続けているのが、個人通報制度の導入の問題と国内人権機関の設置の問題です。

小池 国内人権機関の問題からいうと、今回の勧告は政治情勢を反映したような言い方になっていまして、以前に日本政府は、法案を閣議決定し、国会に上程しましたが廃案になり、そのままになっています。今の与党内では、少なくとも自民党はやらないと明言している。このような状況を踏まえて、委員会からは、これはどうなっているのだ、いつやるのだというような質問がなされました。

オランダのフリンターマン委員が質問してくれました。人権救済システムを導入する上で不可欠な機関なのに、国際的に実施している国々から日本はこの問題でどのような教訓を学んでいるのかという、かなり強い問題提起をされました。けれども、日本政府の答えは、また同じような、検討中というような答えでした。今回の勧告は、もちろん従来通りの勧告ではあるのですが、短かったです。

田島 何度言っても日本は聞く耳を持たないと委員会が言っていることの中に、この問題も入っているのでしょうか。

小池 入っていますね。

田島 実際に、国内人権機関の問題は、以前に取りまとめた、閣議決定された中身がもうそのまま塩漬けになっているということですか。

小池 そうですね。あれは民主党政権のもとで出されたものなので、自民党政権は、自民党としてあれはやらないということを公約にしています。今の政権の下では非常に難しい状況です。

法務省と日弁連との関係では、人権委員会設置法案を作るに至る経緯は、もうかなりこちらもいろいろ言って、一定の部分は取り込んでくれてということで法案化し、2012年の11月の解散直前には国会に上程されたわけです。そして衆議院の解散に伴って廃案になったという経緯がありました。

宮家 前回、2008年の10月の審査の後で政府は前向きに検討すると言っていたのですね。あれは、自民党政権時代でした。前の自民党政権がした国

際公約ですよね。それを今の政権はどう考えているのでしょうか。

小池 拷問禁止委員会から、2013年の5月に第2回の勧告があって、フォローアップに対してどうするかということが注目されていたのです。現政権になっていましたから。そして、法務省はやはりフォローアップするという表明をしたのです。

田島 それは人権理事会でも言ったのではないでしょうか。

小池 人権理事会でもそうだったでしょう。ですから、法務省の姿勢としては、公のスタンスとしては国内人権機関を作るというスタンスのままです。

個人通報制度をめぐって

田島 次に移ります。個人通報制度についてですけれども、今回もまた総括所見の6項で書かれています。勧告としては、条約上の権利を確保するシステムのうちの一つなのだから、これをきちんとやりなさいというような脈絡で出てくるのです。

今回の政府の答弁は、あれは意識的に変えたかどうかはよくわからないですけれども「司法の独立との関係で」というフレーズを一切使いませんでした。それだから、15日の審査で聞いて、もう1回テープも聞いて、このフレーズを使っていないことを確認した上で、15日のうちに原稿を書き、英語に直して、日本政府は従来司法の独立との関係を言っていたけれども今回は言っていない、だから何も拒否する理由はないのですということを16日に委員会に提出しました。

委員は、期限を明確にせよということまで詰めていました。ロドリー議長がかなり苛立っている中身の一つだったと思います。

三上 政府も常任理事国入りを目指すのだとか国際化を進めるのだとあれだけ言っているにもかかわらず、個人通報制度も導入しないのかというようなことを言っていけるのではないでしょうか。

政府や議員への働きかけについて

田島 今後の問題に移っていきたいと思います。この勧告が出たことを踏まえ、政府や政党に対して、どのような働きかけをしていったらいいのでしょうか。

五十嵐 三上さんが言われたように国際化を目指すのだったら、両方やらな

ければだめだというのは有効ですね。少なくとも公式の政府報告書審査で言われたことを実施しなければ、国際的な日本の地位が低下していきますよね。

田島 考え方はいろいろあってもいいけれども、国際社会の中で普通に取り入れられている制度を導入し、普通の国がやっているようなことはしないと、国際的には評価されないのではないでしょうか。国際社会の中で、日本は変わった国だという印象を持たれかねない。このような切り口で、対話していくことかと思っています。

宮家 地道にやるとしたら、フォローアップのための対話の集会を開いてこの一個一個論点をつぶしていくことでしょうか。

NGOと弁護士会内の取り組みについて

田島 NGOとの関係ではどうですか。NGOとの関係でも、審査が終わるとあまり継続的な取組は一緒にはしていないですね。

宮家 それで、条約ごとのフォローアップをまとめてやりましょうという動きがあるわけでしょう。日弁連の各ワーキンググループが時限的なので、それをまとめて国際人権問題委員会でやるか別の組織を作るかという議論をする必要がありますね。

法律家の国際人権研修について

新倉 いろいろと言いたいこともありますけれども。やはり、履行義務があるわけですね、この勧告というのは。人任せの問題ではないし、それから政府だけの問題ではない。それから、前のときは最高裁と法務省に共同で研修をやろうというような話し掛けもしたのです。そのときは、法務省は具体的な提案があったら検討しますというような回答でした。それで、最高裁の方は新任の裁判官には国際人権法の研修はしていると言います。けれども、要するに、具体的な提案があれば検討しなくもないというような感じだったわけです。

今回、これだけ厳しい内容のものが出たわけだから、やはり弁護士会で総括所見を受け止めるというだけではなくて、日本全体の問題として人権状況を変えていくためにそれぞれがそれぞれの問題に関心のある機関は、役所も含めて共同研修をやるとか、あるいは国民に対してもう少しきちんとキャンペーンを張るというように提案していくことは大事ではないかという感じが

します。

宮家 法曹に対する国際人権教育・研修をやりましょうと最高裁と法務省に申し入れて、実現しそうだったのですが、自由権規約委員会の来日予定の委員が病気になられてしまって実現できなかったのです。

五十嵐 勧告の中に裁判官に国際人権教育をしなさいという勧告があったでしょう。

宮家 6項にありますね。

三上 弁護士、検察官にも。

新倉 だから、そこはわれわれとしては受け止めるだけではなくて、受け止めたものは発信していくようなことをしないと。

宮家 今のお話でいくと、先ほどあったフォローアップのために委員を呼ぶ話がありますね。その際に、このフォローアップの議論と同時に法曹への国際人権法のレクチャーもしてもらうというのはよいですね。

小池 そうですね。そのようなものでもいいと思います。だから、拷問禁止委員会のドマ委員を呼んだのもいいきっかけだったのです。

新倉 非常に苦労してこれだけの成果を得たのですから、これが実りの豊かなものとして結実するのではないかという期待があります。

石田 裁判官が今はビデオ教育も整備されていると言っていました。国際人権法を学びたいという希望のある裁判官はビデオを視聴できる。そこで国際人権を学べるという話を2、3年前に聞いたことがあります。イントラネットで視聴できるというようなことを言っていました。

三上 修習生に対する教育というのも大事です。数が多いから、どこまで徹底してやれるかという問題はあるかもわかりません。

石田 10何年か前から一応国際人権の講義は修習の期間中に2時間は全員受けるようにはなっているはずです。

海渡 この講義は全員共通の刑事弁護講義で、私が当初担当して10年間ほど続きました。

大谷 受けました。

山下 和光の司法研修所で、私のときは海渡さんだったのですけれども、一つの教室で海渡さんが話されていて、その映像が別の教室でも放送されていました。

石田 私も、少し前なのですけれども、そのときは1クラスに1人弁護士が来られて、16クラスあったのですけれども、その時間はみんなが国際人権法を聞くというのがありました。

宮家　法務省に申入れに行くと、具体案が来れば検討しますと言われるのです。前もそうだったのです。新倉さんと一緒に行ったのですけれども。
石田　法務省は、日弁連の自由権規約個人通報制度等実現委員会が、個人通報制度に関して韓国から教授を呼んだときに、このようなことをやります、個人通報の事例を取り上げますといってお声掛けをした際に何人か来てくれましたね。このように具体的な企画書を持っていって、いついつやりますと言ったら、興味のある人は多分来ていただけると思います。
田島　自由権規約委員会の委員の講義のようなものだったら来るかもしれませんけれども、継続的に国際人権の教育制度をどうするのだという問題は、やりかけて頓挫しています。
石田　そのような意味では、勧告で、弁護士にも教育しろというのがあがっていましたね、並列的に。実は、それもすごく重要ですね。
田島　だから、最高裁と法務省と一緒に勉強会をする以前に、弁護士の中で行った方がいいのではないかと思っています。
三上　だから、申入れとしては、それぞれで行ってくださいと、そのような機会を持ってくれということでいいのではないですか。だから、裁判官なら新任裁判官に対する教育として行ってくださいとか。

求められる政府の本気の対応

宮家　勧告は毎回、第5回も第6回もひけをとらず素晴らしいものができていると思うのです。あとは、これを第7回が来たときに、また同じ勧告が出るのかなという見込みを、われわれはもとより委員会が持たないようにするためにフォローアップが重要ですね。この4年間のフォローアップが重要で、事あるごとにいろいろなところで取り上げないといけないのではないかと思います。

　それともう一つは、やはり日本政府の審査への臨み方が私は非常に問題だと思います。派遣団は多いです。30人ぐらい来ていました。でも、みんな若い人。発言が、細切れで、テーマごとに一人一人代わるのです。同じ法務省内でも5、6人いるのです。問題ごとに、それぞれのセクションの人がマイクを回してやるものだから、確かに担当者だからそれなりの回答をできるのでしょうけれども、意思決定をある程度できる人が来ていないから、現場での意見は言えないのです。本省で決めたことをそのままその場で発言するだけで、臨機応変の建設的な対応ができないのです。そもそもの政府報告書

審査というのは、一定の問題、論点について、前回と今回はどれだけ進歩したのか、このような問題でこのようなことをやりました、このような理由からできませんでした、次回はこのような方向でやりましょうとか、いや、その問題は絶対わが国では受け入れがたいですという根本的な対話、それで着地点を探ったり、妥協できない点はどこに問題があるのか探すのが目的だと思うのです。けれども、そのような対応が全くできない。反面、グルジアの審査をわれわれは傍聴しました。われわれの審査の前だったので。外務大臣が元最高裁の裁判官で、この方がいらしていて、その場で委員といろいろな対話をするわけです。語学の問題があるから何とも言えないのだけれども、そんなに上の人ではなくても、せいぜい副大臣とか事務次官クラスが行って何かの応答をすれば全く問題が違ってくると思うのです。質が違ってくると思うのです。

五十嵐 日本もそのようにしなさいと言うことはいいことだと思います。

田島 日本の場合、外務省の人権人道課長が取り仕切っていて、あとは各省庁から若い人が来て、そのまま回答するという感じでしょう。人権人道課長は外務省だから、その意味では法務大臣が出てこなければいけないでしょう。

三上 その点は、私も全く同じ感想を持ちました。日本政府代表だといって来ているのだけれども、ほとんどが中堅か若手の官僚が多かったと思います。だから、今まで決まっている既定路線を説明するだけなのです。委員から質問され、あるいは問題点を指摘されて、こう考えますとかこうしますという政策決定責任者が出ていない。

山下 先ほど宮家さんがおっしゃった通り、私も今回初めて本審査には参加させていただいて、見ているときに、代表団の年齢層が若いことは本当に驚いて、思わず隣の席の大谷さんと「同じぐらいの年の人ばっかりだね」という話をしたぐらいです。

そして、委員の方がかなり突っ込んだ質問をしてくれるのだなというのを感じました。これまでの審査に関しては、できあがった勧告や総括所見を目にする機会しかなかったので、実際にどのようなやり取りがされているのかということを初めて学ぶ機会をいただけてすごく勉強になり、参加できて良かったと思っています。あとは、実際、国連でこのように日本が言われているのだということを、代表団で来ている若手だけではなくて、もっと上の各省の幹部たちや、国会議員が目にしたり耳にする機会を作ることができれば、人権条約をきちんと履行しないといけないという意識がもう少し高まるのではないかと思いました。いろいろな人にこのような審査が行われているのだ

ということを知ってもらうことも必要だと思いました。

大谷 私も、審査の場では、委員の質問は聞いていて面白いのですけれども、その後政府の回答になると、出されている政府報告書等、そのようなレポートとほぼ同じようなことをただ単に回答するだけで、何もやり取りになっていないと思って、それがすごく残念だなと思いました。私が実際の事件で、第4回とか第5回の総括所見を事件の中で引用したこともあったので、非嫡出子の相続の問題ですけれども、そのようなことに使えるのだということをいろいろな弁護士に知ってもらいたいと思いました。

石田 私が日本の審査の前に傍聴していたグルジアの審査ではきちんと答弁がなされ、委員との間でやり取りが対話になっていたのですけれども、今回の日本政府を見ている限りでは、委員から結構突っ込んだ質問がなされても、それに対する政府の回答というのはすごく当たり障りのない、問題をあとで起こさないような言葉を選んでの回答だったという印象を受けています。

それから、今回審査に参加してみてすごく感じたのは、情報を提供すれば委員はきちんとそれを見てくれた上で取り上げてくれるということがわかりました。その中でとても痛感したのですけれども、自分としてもきちんとした情報、誤っていない事実を委員に伝えて、それを取り上げてもらう必要があるので、情報についてはきちんと普段から自分の関心があるところでのフォローアップをしておくというのがすごく大切だと思いました。

まとめ

小池 私は、この間、ずっと10年、20年と、結構ジュネーブでいろいろな条約機関の審査に出ています。当初は委員の皆さんは、非常に政府に対して丁寧な言葉づかいをして、オブラートに包んだような言い方をしていたのです。委員の日本政府に対する質問が、一応、評価した上で柔らかく批判するというような、柔らかく質問するという感じ、非常にあいまいな、抽象的なやり取りといいますか、そのような印象だったのですが、最近は、段々厳しくなって、ストレートになってきたという印象があります。今回、やはり一番すごかったですね、委員の人たちの質問が遠慮会釈のない言い方になってきました。日本政府が怒り出すのではないかという、実際、怒ったのではないかと思われるような指摘が随分ありました。先程私が紹介したようなこともそうですし、最後にロドリー議長が「慰安婦」の問題でしたか、公的な政府の弁解をなぜわれわれは鵜呑みにしなければならないのかというような

言い方をした。また、取調べの問題でもかなり鋭い指摘があった。

　残念なのは、日本政府がそれに対してきちんと答えない。取調べの問題で、8時間以上の取調べがどれぐらいあるのかとか、刑事司法制度が非常に優れていると認識しているのかと、実はそれは非常に警告を発するシグナルではないのか等、本当にいい質問をしてくれたのですが、それに対しては答えないのです。ネグレクトして通り一遍の答えしか出てこない。本来であれば一問一答方式のようなものにしてほしいと思うのですが、これはあのような場の慣行なのでしょうか、そのようなことがどこもないのです。その辺が非常に歯ぎしりするといいますか。委員のフラストレーションが今後もますます強まっていくのではないかと思いました。

　日弁連としてもそれに向けてどのように現状を打開していくべきかという知恵を絞らないといけないのではないかと思います。勧告そのものは期待通りの非常に良い勧告をしてくれたと思いますが、前回と内容的には変わらないという勧告が続けて出る事態をどう変えていくかという共通の問題意識を持ってこれからのフォローアップに臨まないといけないのではないかと思っています。

三上　今回、若手の皆さん方、英語のできる方が活躍していただいて大変良かったと思います。その委員会の場で出た日本政府の発言のおかしいところとか質問の補足とか、その晩、早速ホテルに帰って皆さんで考えてくれて、夜中までかかっていろいろやって、あくる日に委員にブリーフィングする等、あれも大変効果的だったと思うのです。若手の人たちに頑張ってもらったのがかなり大変な力になったのではないかと思うのです。

　それと、委員にいろいろ話しかけたり、休憩時間等を利用して話しかけたりして、片言でもいろいろ日本の問題を訴えるというのも効果があると思います。特に、ロドリー議長は割と気さくな人で、休憩時間に話しかけると、いろいろ話に応じてくれるのです。いろいろなコンタクトをとるというのも大事ではないかと思いました。

　それと、委員は割と日弁連の報告書などをよく見てくれているのです。特定秘密保護法など、条文に即して、これは非常にあいまいではないかというような質問が出たりしました。事前にきちんとしたカウンターレポートを送っておくというのは非常に大事だなと、効果があるなと思いました。

　それと、新しい情報、例えば袴田事件だったら、前のカウンターレポートが出た後の3月に再審開始決定があったので、そのような情報などは具体的には委員に伝わっていない可能性もあるわけです。詳しい情報をもう少し事

前に準備して出しておくというのも必要なのではないかと思いました。

　日弁連の活動は、皆さん非常に頑張られて大変良かったと思います。今後、委員会の勧告をどう普及していくかというのが課題だと思います。

海渡　私は、今回、この審査に臨むに当たって、もちろん今までずっと積み上げてきている勧告を、それの実施がきちんとされていないということを言うしかなかったのですけれども、秘密保護法とヘイトスピーチの問題は日本の民主主義、人権の今後に暗い影を落としているなと思っていて、この問題をきちんと委員会で取り上げてもらえることができたら少し日本の危機的な状況に対する歯止めになるのではないかと思って取り組んだのです。両方ともかなり踏み込んだ勧告がもらえたということは非常に良かったと思っています。

　1998年と2008年と今回と3回自由権の審査には立ち会っているのですけれども、率直に言って1998年のとき、2008年のときは日本政府に対して委員会はもう少し優しかったと思います。今回は、やはり非常に厳しくなってきていて、その理由は、まともな進捗というものがほとんどないからです。国内人権機関については法律案までできて、それを通そうとしたのに通らなかった。そのあとの政権はそのことを引き継いでやろうともしていないということについて、相当答えに窮していました。国内人権機関か個人通報かどちらかでもできていれば、もう少し優しい扱いをしてもらえたでしょう。われわれ自身もこの政府報告書の審査だけではなくて、国内人権機関を通じて、または個人通報を通じて国際機関と結び合っていくようなこともできたわけです。ロドリー議長以下、委員の皆さんは本当に熱心に審査してくださったと思うし。苛立ちも見られたけれども、とにかく日本政府に少しでもいいから何か前向きのことをやれないのかという苛立ちと励ましを感じました。だから、やはりヘイトスピーチなどについても、現実にラポルトゥールをやられていたフリンターマンさんにヘイトスピーチの実情のビデオを見てもらったのです。あのビデオはNGOブリーフィングでやろうとしたところ、時間がなくなるからだめと言われたのだけれども、ラポルトゥールだけは見ましょうと言って見てくださって、やはり見たときにはものすごく驚いておられて。こんなにすごいことになっているのかというのは一目でわかりますね。だから、この審査をしたときと比べても今の日本の実情はもっと悪くなっているかもしれませんけれども、国際社会の手を借りないと民主主義が復元できないぐらいにまでもう傷つけられてしまっているかもしれない。

　この勧告をきちんと読んで、そのような点で日本という国、国民まで含め

【座談会】総括所見の意義と今後の課題

てですけれども、反省しなければいけないのだということを伝えていくしかないのかなと思います。日弁連としてきちんとした報告書と、そしてパンフレットを作って、地道ですけれども広めていけばいいのではないかと思っております。

田島 ありがとうございます。最後に私からも感想を述べさせていただきます。まず1つ目に、委員が非常に積極的で熱意があって、あのような熱気を見ますと、やはり人権活動をやらなければいけないのだとむしろ励まされました。ロドリー議長も最初、事前に招聘しても来られなかったということで「どうかな」と思ったら、非常に丁寧に、熱心に、しかも情熱的に質問や意見を取りまとめていただいたので非常に私は励まされました。また頑張ろうという気になったのが今回の審査だったと思います。

2つ目は、日弁連の委員として私は第5回の審査、第6回の審査と2回参加していますが、活動に参加してくれた若い弁護士、頑張ってくれた若い弁護士が違う人なのです。これも一つの成果であって、われわれの活動で、第5回の審査の際に支えてくれた人たちは、また別のところへ行って非常に頑張っておられるし、今回若い人で、翻訳など頑張っていただいた人たちは、また新しい人が入ってくれた。これは、われわれにとって非常に嬉しいことであって、このような人たちをもっと意識的に増やさなければいけない。それがまた一つの課題ではないかと思います。

3つ目は、日本政府が批准した人権条約に対して、批准後にその条約の実施状況などについてはあまり重視しているようには思えないという点です。自由権規約委員会の18人の委員が言っている中身を政府は本当に真摯に受け止めているのだろうかということを感じます。人権条約を批准した締約国は国内でどのようなことをしなければいけないかということをもっと考えてほしいと思います。このままだと同じ勧告を繰り返すだけではないかという感じがしてなりません。だから、この辺りをどうしていくのか。市民に対する働きかけもそうですが、日本の政治を担っている政治家の皆さんにこの点を考えてもらうのが我々の大きな仕事ではないかと考えています。

最後に、やはり日弁連の中でわれわれが特別なことをやっていると思われないようにしなければいけない。われわれがやっているのは、あくまで国内のことをやっている、代用監獄制度とか、あるいはヘイトスピーチもそうですけれども、国内の人権状況を良くするためにこの人権条約の審査に出ていって、それをフィードバックするということをやってきた。何も特殊なことをやっているわけではなくて、日弁連の他の委員会の皆さんがやっている

ことと同じことを別の視点からやっているだけだということを各委員会と話し合って、これを理解してもらって、日弁連の中で連携をとっていくということが、われわれが外へ行ってやっている仕事を日本で実現する一つの方法であると思っています。

五十嵐 今回いらっしゃった方には本当によくやっていただいたと思って感謝します。それで、先ほど海渡さんが言われた国際社会の手をこれから借りないといけないといわれたことと、今田島さんが言われた日本の政治を司っている人をどう変えるかということは、一緒だと思うのです。弁護士が国際人権を使っていけば、裁判所はすぐには聞かないかもしれないけれども、きちんと聞いてくれた判決もいくつかあるわけです。だから、このようなところで国際人権の今回の勧告なり人権規約はこのように使えるのだというパンフレットを作って、弁護士に配布したらどうかと思うのです。少しでも準備書面や何かの中で使われていくことが規約の実施に役立つと思うのです。

田島 本日は、長時間にわたり、様々な議論をしていただきました。ありがとうございました。これで、座談会は終了したいと思います。

第6回審査の意義と今後の活動のために

海渡雄一（日弁連国際人権〔自由権〕規約問題ワーキンググループ座長）

1　国際人権活動が実を結ぶこともある

　私は、日弁連の自由権規約に対応する活動に1993年の審査のためのレポートづくりから参加して今日に至っている。私自身は長く監獄内の人権状況の改善に取り組んできた。元をたどれば、1988年に拘禁二法案の国会審議が始まったときに制定されたばかりの国連被拘禁者保護原則をもとに論戦を挑み審議を止めたのが、国際人権活動に取り組んだ初めであった。

　1998年、2008年の審査にはジュネーブに赴いて参加した。このような活動を続けてきたのはなぜか。国内の努力だけでは解決の難しい人権問題について、政府を動かし解決の糸口がつかめるかもしれないと考えたからである。

　今回の審査には日弁連の派遣団の団長として参加した。委員会への働きかけの活動と総括所見を発出されるまでの活動を振り返り、個人的な意見として今後の活動の参考となる点を述べておきたい。

　自由権規約委員会の勧告には法的拘束力がないなどという報道をよく見かける。確かにこの勧告が、直接に政府を拘束するわけではない。しかし、委員会の指摘に政府が応えた例がないわけではない。婚外子の相続分の差別について最高裁が違憲判決を下したのは、この委員会の度重なる勧告に応えたものだろう。

　2005年から2006年に監獄法改正に結実した刑務所改革は、国際人権基準を国内で実現する過程であった。1998年の第4回審査時には、死刑や代用監獄の問題も取り上げられたが、刑務所における極めて厳しい所内規則、革手錠による虐待、独居拘禁などの問題が重要課題として取り上げられた。2002年に発覚した名古屋刑務所事件では革手錠の拷問的な使用によって死者がでた。拷問道具となり得る戒具、権利主張に対する報復的な処遇を防ぐシステムがないことなどの問題点が予め自由権規約委員会から指摘されていたにもかかわらず、複数の拷問死亡事件の発生を未然に防ぐことができな

かったのである。国会でこの経過を指摘され、当時の森山法務大臣自らが改革を決意せざるを得なくなり、この事件が、刑務所制度の改革につながった。

行刑改革後も、国内の刑務所の人権問題が解決されたわけではない。医療や独居拘禁など改善の必要な点はいくつも指摘できる。また、最近では改革されたはずの規律偏重や外部との交通の遮断の傾向が強まっている。しかし、今日本のすべての刑務所において、弁護士や医師や地域住民、研究者などから構成される刑事施設視察委員会が活動している。この委員会は刑務所改革の最大の成果である。外部の目が入ることにより、虐待の危険性などは明らかに減少しているし、話合いを通じて少しずつではあるが、施設内の処遇は改善されている。このような変化は、法務省矯正局が死刑確定者の処遇を除いて、自由権規約委員会の指摘を受け容れて改善に取り組んできたことの成果である。このように、委員会の指摘は、課題によっては、実を結んできたと言える。

2　進まない国際人権保障システムの構築にいらだつ委員会

私は、これまで委員会の審査の場は、委員という公正なレフェリーのいるフォーラムで、われわれNGOと政府が建設的に対話を重ねる場所であると考えてきた。そして、日本政府代表団をまとめる外務省はもちろん、出席される法務省、警察庁、厚生労働省、文部科学省など関係省庁とも、努めて良い関係を築こうとしてきた。今回の審査では、日本の人権NGOは大きくまとまり、NGOブリーフィングなどには有効かつ組織的に取り組んだ。日本政府代表団とNGOとの関係は決して険悪なものではなかったが、そういう観点から見たとき、第6回審査は、これまでになく、委員・委員会の日本政府に対する「いらだち」が目立ったセッションであったと言える。また、今回の審査では、日本政府が「慰安婦を性奴隷と呼ぶのは不適切である」と発言した際に、一部の傍聴者から拍手があり、ロドリー議長から「このような拍手は適切ではない」とたしなめられる場面もあった。審査の場を建設的な対話の場としてどのようにして維持していくか今後の課題となるだろう。

委員会が一貫して取り上げてきた、第1選択議定書(個人通報制度)の批准、条約の国内法的効力、国内人権機関の設立など国際人権保障システムについては、民主党政権の時代にもう一歩のところまで状況が進んだにもかかわらず、自民党政権の下では、実現の展望がほとんど喪われつつある。政府としては、国際社会に対する約束を反故にした状態となっているのである。そし

て、政府の立場としては、このような状況を委員会に論理的に説明することは困難であった。厳しい勧告がなされたのもやむを得ないといえるだろう。

3 慰安婦制度と技能実習生制度：新旧の人身売買制度

少数者の差別に関しては、難民、入管収容、技能実習生制度などの外国人に対する人権問題、精神病院における強制入院の問題、女性、アイヌ・琉球などのエスニックマイノリティ、ジェンダーに基づく暴力とドメスティック・ヴァイオレンス、LGBT（性同一性障害）・性的マイノリティに対する差別、慰安婦問題についての政府の責任なども引き続き取り上げられた。

国内では、慰安婦制度について、これまで多くの報道がなされているが、技能実習生制度が現代の人身売買に当たるとして、緊急のフォローアップ条項に選ばれていることは、もっと特筆されて良い。日本国内では、技能実習生制度がこのような厳しい批判に晒されていることが、ほとんど理解されていない。技能実習生に対する制度の改革を急がなければ、日本という国の国際的な名誉にも関わるように思われる。

4 死刑制度と刑事司法をめぐる改革

2014年3月27日、静岡地裁は袴田巖氏の再審開始を決定し、45年以上拘禁されていた袴田氏を死刑囚監房から釈放した。日弁連は、この問題を委員会で取り上げてもらうために、映画「BOX 袴田事件」の英語版をジュネーブのプレスセンターで上映する会を催した。金曜日の夜に日程をセットせざるを得ず、委員の参加は得られなかったが、チラシ配布の効果は絶大で、今回の審査では袴田事件に3人の委員が言及した。

火曜日から審査が開始されるという日程であり、月曜夜にサイドイベントを開催することは困難だったため、金曜日にやらざるを得なかったが、今後の計画を立てる場合には、金曜日には多くの委員は自国に帰るか、友人との会食を入れたりしていて、日程としては極めて難しい設定であったという経験を活かして欲しい。

本審査では、代用監獄制度の問題（南アフリカのマジョディナ委員）、取調と弁護権の問題（イスラエルのシャニー委員）、死刑制度、死刑確定者の処遇（アメリカのニューマン委員）の4つのテーマが大きくクローズアップされた。日本国内の法制審議会における可視化などの改革の内容については、

政府が詳しく説明したが、一定の評価はされたものの、えん罪をなくすために十分なものとは評価されなかった。

5　秘密保護法、ヘイトスピーチ、原発事故による被害者の問題

　また、これまで取り上げられなかった、新たな人権課題として、秘密保護法、ヘイトスピーチ、原発事故による被害者の問題などが取り上げられた。秘密保護法の問題は2013年10月に国会に法案が提出され、12月に法が成立している。2013年10月にあった前セッションにおいて今回の委員会における審議事項のリスト（リスト・オブ・イシューズ）が決められたときには、まだ法案の審議中であり、どのNGOからも情報提供はなされていなかった。その結果、もちろん、リストからは落ちていた。リスト・オブ・イシューズに入っていても、総括所見から落ちてしまう問題もある一方で、多くのNGOが共同で意見を述べたことが、この新しい問題を審査の重要課題に押し上げたのである。リスト・オブ・イシューズが決定されたあとに重大な人権問題が浮上した場合、諦めるのではなく、チャレンジできることを示した点でも、今回の審査には大きな意義があった。

　ヘイトスピーチの問題も、リストには入っていたが、国内の状況が深刻化し、最重要課題の1つとして取り上げられた。日弁連内にも、刑事法規制には賛否の意見がある。しかし、この問題を考え抜いてきた国際機関が、日本の状況を座視できないとしていることは、私たち自らが深刻に受け止めなければならないことである。表現の自由の保障と両立するバランスのとれた提案を日弁連も検討しなければならないであろう。

　原発事故被害者の帰還政策が規約6条（生命の権利）、12条（移動と居住の自由）、19条（知る権利と表現の自由）に関わる人権問題として取り上げられた。この点も事前のリスト・オブ・イシューズには入っていなかった。アナンダ・グローバー特別報告者のレポートが下敷きになっているが、自由権規約委員会の活動の懐の深さを感じる審査であった。

6　日本政府は国際コミュニティに抵抗している

　ロドリー議長は会議の結びの言葉の中で、代用監獄と慰安婦の2つの問題に触れ、日本政府が何度も同じプロセスを繰り返しているという点を指摘し

た。

　代用監獄制度に関して、政府は制度を改めない理由としてリソースの不足を述べたが、ロドリー議長は、「人権の尊重がリソース次第という状況は日本のような先進国ではあってはならないことである」と指摘する。こういう制度が維持されている理由は、「起訴側が自白を求めたいと考えているためであるとしか考えられない。このような状況は明らかに規約に矛盾している。日本政府は、委員会がこれまでよりも強い形で勧告を出しても驚かれることはないでしょう。日本政府は明らかに国際コミュニティに抵抗しているように見えます」と述べた。

　もう一つの重要課題として慰安婦の問題が指摘された。議長は、「意見の対立があるようであるが私には理解ができない。私の頭が悪いのだろうか。『強制連行されたのではない』と言いつつ、『意図に反した』という認識が示されている。これは、理解しにくい。性奴隷である疑念があるなら、日本政府はなぜこの問題を国際的な審査によって明確化しないのか」と厳しく指摘した。

7　どんなに状況が厳しくても、対話は中断しないで続けていく

　委員会は、総括所見の28項で、死刑（13項）、慰安婦（14項）、技能実習生（16項）、代用監獄（18項）の4テーマを取り上げ、委員会手続規則71条5項に従い、この4つの勧告について、1年以内にフォローアップ情報を提供するよう求めた。これら4つの項目は、委員会がとりわけ重視している関心の表れであり、政府の誠実な対応が求められる。日弁連としても、前向きな対応がなされるよう、努力を傾けたい。

　今回の勧告は、これまでの5回の審査に基づく勧告と比べて、極めて厳しいトーンと内容のものとなった。その原因は明確である。世界中の国々が、人権の完全実施のために前向きの努力を続けている中で、日本では、人権とさらには民主主義そのものを危機に陥れるような出来事が続いているからである。改善の方向が見えないだけでなく、むしろ後退している印象を与えたのだ。

　とはいえ、私たち日本のNGOは政府と協力して、この勧告を一つずつ実現していく責務がある。私たちが歩みを止めなければ、いずれはこれらの勧告を実現できるだろう。しかし、現在の日本の状況は、人権と平和と民主主義が危機的状況にあるように思われる。そのような事態を避けるためにも、

この勧告の中の秘密保護法を含む表現の自由とヘイトスピーチを含む人種差別禁止などの勧告を重く受け止め、この勧告を速やかに実現していくことが必要だろう。

この総括所見を日本国内にひろげ、政府と真剣に対話し、人権と平和と民主主義の危機を克服していくための梃子として活用したいと思う。

(かいど・ゆういち)

■コラム■ジュネーブこぼれ話⑥　ジュネーブでの美味しいものは

　私の一押しは、レマン湖でとれる小さな魚「ペルシェ」の唐揚げである。実に美味しい。ビールやワインにぴたりと合う。ジュネーブのレストランであれば大概置いている。チーズ・フォンデュも美味しい。人数分よりも少ない分量を注文するのが良い。何故かというと、例えば4人で3人前を注文すると量が少なめだから決して残らず、最後に鍋の底にチーズの「お焦げ」ができる。これが香ばしくて美味である。人数分を注文すると最後まで行き着かずに満腹となってしまい、「お焦げ」まで到達できないからである。お試しあれ。ちなみに、お土産で売っているチーズ・フォンデュも日本に買って帰って食べるとなかなかのものだ。

　お土産といえば、外れのないのがシュテットラー（Stettler）というお店のチョコレート。コルナバンの駅からレマン湖に向かって坂を下りていく途中、右に曲がるとある。皇太子妃が買いに来たということで店内には日本語の新聞も貼られている。店は小さいが試食もできる。実に美味しく、毎回お土産に買って帰るが絶賛される。少々値は張るが、名誉挽回の為に奥様に買って帰れば株が鰻登りであることは間違いないだろう。

【田島義久・ジュネーブは7回目です】

第4部
国際人権法からみた、
新たな論点についての考察

差別禁止法制定・国内人権機関設置と
ヘイトスピーチの規制
——国際人権法の要請

申惠丰（青山学院大学）

　2014年は、自由権規約委員会による第6回日本報告書審査（7月）、人種差別撤廃委員会による第3回日本報告書審査（8月）が相次いで行われた年であったが、そのいずれにおいても委員会で大きく取り上げられ、審査後の総括所見で厳しい指摘を受けることとなった点の一つは、ヘイトスピーチ[1]規制の必要性についてであった。本稿では、日本においてヘイトスピーチに対処するための現行法の不備の問題と、立法措置の必要性を、自由権規約及び人種差別撤廃条約の2つの人権条約に照らして検討する。

1 日本におけるヘイトスピーチとそれに対する現行法での対処

　日本におけるヘイトスピーチは、2013年初め頃から東京・新大久保や大阪・鶴橋などで「在特会」[2]メンバーらが「不逞鮮人追放」「朝鮮人は皆殺し」「たたき出せ」といった街宣活動を繰り広げるようになったことで注目を集めるようになったが、すでに2000年代後半から、マイノリティの子どもへの口汚い攻撃[3]として行われるようになっていた。
　ヘイトスピーチに対する民事訴訟としては、「在特会」メンバーが2011年に水平社博物館前の路上でマイクを用いて「穢多博物館」「非人博物館」「出てこい、穢多ども」といった演説をし、またその動画をネットに投稿した事件で、奈良地裁がこれを名誉毀損と認め、言動の内容や時期・場所・方法などに照らし名誉毀損の程度が著しいことからすれば不法行為による有形・無形損害は相当大きいとして150万円の損害賠償を命じたものがある[4]。
　2009年の京都朝鮮学校襲撃事件は、ヘイトスピーチの違法性が刑事訴訟と民事訴訟で争われた結果、刑事・民事の両面で現行法の可能性と限界が示されることとなった重要な事件である。同年12月、「在特会」メンバーら11人は京都朝鮮第一初級学校（当時。現在は他校と統合し移転）の門前で約1時間にわたり、子どもたちがいる学校に向けてメガホンで「ここは北朝鮮のスパイ養成機関」「犯罪朝鮮人」「ろくでなしの朝鮮学校を日本から叩き

出せ」「約束というのはね、人間同士がするもんなんですよ。人間と朝鮮人では約束は成立しません」「朝鮮ヤクザ！なめとったらあかんぞ」といった怒号を挙げ、隣接する公園（校庭がない同学校が、地元・京都市との合意に基づいて使っていた）に置いていたサッカーゴールを倒し、朝礼台を校門前に移動させて門扉に打ち立て、スピーカーの配線コードを切断した。学校は彼らを刑事告訴したが、翌年1月と3月にも同様の街宣活動が繰り広げられ、また彼らがこれらの模様を撮影した動画がネット上で公開された。

　この事件では4名が逮捕・起訴されたが、上述のようなヘイトスピーチについて学校側は名誉毀損罪での起訴を求めたのに対し、検察側が用いた罪状は侮辱罪であった。前者には事実摘示の要件があることへの考慮もあったであろうが、名誉毀損罪の法定刑が3年以下の懲役もしくは禁固又は50万円以下の罰金であるのに対し侮辱罪のそれは拘留又は科料ときわめて軽く、この選択には疑問も残る[5]。しかしいずれにしても、双方とも保護対象は人の個人的法益であって、「朝鮮人」のような民族集団を攻撃する言論を処罰対象とした規定は刑法には存在しない（本件では学校法人が被害者とされた）。判決では、器物損壊罪と威力業務妨害罪が認められたため執行猶予付懲役刑が科された[6]が、ヘイトスピーチそのものに対する規制の面で日本の刑法に欠缺があることは明らかである。

　他方、学校法人が提起した民事訴訟で、京都地裁は2013年10月、本件活動に伴う業務妨害と名誉毀損は人種差別撤廃条約にいう人種差別に該当し不法行為にあたるとし、合計1200万円余りの損害賠償と新たな街宣活動の差止めを命ずる判決を下した[7]。本判決で高く評価される点は、第1に、裁判所が、「人種差別撤廃条約下での裁判所の判断について」と題して、私人間の人種差別が問題となっている訴訟で人種差別撤廃条約がどのように影響するかを検討した中で、同条約は私人による人種差別を禁止し終了させるよう締約国に求め（2条1項）また裁判所を通して人種差別への効果的な保護及び救済措置を確保するよう求めている（6条）ことから、締約国の裁判所は「人種差別撤廃条約上、法律を同条約の定めに適合するように解釈する責務を負う」と明確に判示したことである[8]。その上で、本件における業務妨害と名誉毀損は、在日朝鮮人に対する差別意識を世間に訴える意図の下、差別的発言を織り交ぜてされたものであり、在日朝鮮人という民族的出身に基づく排除であって、平等の立場での人権及び基本的自由の享有を妨げる目的を有するものといえるから、人種差別撤廃条約1条所定の人種差別に該当し、不法行為を構成するとして、同条約1条における「人種差別」の定義[9]に則っ

て本件示威行為を人種差別と認めた。第2に裁判所は、人種差別に対する損害賠償額の決定にあたっては、同条約2条1項及び6条により「人種差別行為に対する効果的な保護及び救済措置となるような額を定めなければならない」とし、損害賠償額の認定においても条約適合的な解釈を行うことが要請されるという立場を取った。「名誉毀損等の不法行為が同時に人種差別にも該当する場合、あるいは不法行為が人種差別を動機としている場合も、人種差別撤廃条約が民事法の解釈適用に直接的に影響し、無形損害の認定を加重させる要因となる……。また、……業務妨害や名誉毀損が人種差別として行われた本件の場合、わが国の裁判所に対し、人種差別撤廃条約2条1項及び6条から、同条約の定めに適合する法の解釈適用が義務付けられる結果、裁判所が行う無形損害の金銭評価についても高額なものとならざるを得ない」。人種差別撤廃委員会は6条に関する一般的意見26で、人種差別による被害に対する補償としては有形・無形の損害への金銭賠償も考慮されるべきであるとしており[10]、本判決は、入店差別を不法行為と認めた裁判例[11]と比べてもこの点について踏み込んだ判断を示した点で意義がある[12]。なおこの点判決は、委員会による日本政府報告書審議の際に政府が「レイシズムの事件においては、裁判官がしばしばその悪意の観点から参照し、それが量刑の重さに反映される」と答弁しており、刑事事件では犯罪の動機が人種差別であることが量刑加重要因になるとされていることに言及しているが、実際には、人種差別的動機による犯罪（ヘイトクライム）であっても、それが量刑に反映されているとは言い難い[13]。その意味でも本判決は、ヘイトスピーチに対する現行法上の民事的救済の可能性を指し示すものであった。

同事件の控訴審で大阪高裁は、不法行為の判断基準として、憲法と並んで人種差別撤廃条約を用いる手法をとり、同条約を単独で用いた第一審判決の判断手法を差し替えつつも、同条約の趣旨は不法行為の悪質性を基礎付けることになるとして以下のように判示した[14]。「……人種差別を撤廃すべきものとする人種差別撤廃条約の趣旨は、当該行為の悪質性を基礎付けることになり、理不尽、不条理な不法行為による被害感情、精神的苦痛などの無形損害の大きさという観点から当然に考慮されるべきである」高裁判決はまた、本件学校は「その人格的利益の内容として、学校法人としての存在意義、適格性等の人格的価値について社会から受ける客観的評価である名誉を保持し、本件学校における教育業務として在日朝鮮人の民族教育を行う利益を有する」一方、「本件活動は……本件学校における教育業務を妨害し……学校法人としての名誉を著しく損なうものであって、憲法13条にいう『公共の

福祉』に反しており、表現の自由の濫用であって、法的保護に値しないといわざるを得ない」として、「在特会」メンバーらの活動を表現の自由の濫用であると断じた。そして、「人種差別という不条理な行為によって被った精神的被害の程度は多大であったと認められ、被控訴人は、それら在校生たちの苦痛の緩和のために多くの努力を払わなければならない」として、京都朝鮮学校の被った損害について第一審判決の認定した損害賠償額を維持したのである。

　しかし、京都の事件では民事でこうして画期的な判決が出されたとはいえ、不法行為による訴訟もやはり、不特定多数の人々からなる人種集団全体に対する差別発言をそれ自体不法行為とみなすことは困難である点で、ヘイトスピーチへの対処には自ずと限界がある。加えて、ヘイトスピーチの被害者にとって民事訴訟が救済措置としていかに使い勝手の悪いものであるかは想像に難くない。この事件でも、原告になるべき被害者は子どもたちだったが、相手に子どもの個人情報を渡すことはできず学校法人を原告とせざるを得なかったこと、法廷で被告側が繰り返すヘイトスピーチによって被害者が再度多大な苦痛を受けたことなどが指摘されている[15]。不法行為規定が入店拒否の事案で救済に用いられた例はある[16]とはいえ、ヘイトスピーチについて果たして適切な解釈・適用がなされるのか不明なまま（水平社事件の判決は2012年である）、子どもの安全というリスクを抱えて3年半地裁判決を待たなければならなかったことも、人権侵害に対して簡便・迅速な人権救済を提供する国内人権機関がない日本の法制度の欠陥を浮き彫りにしている[17]。

2　自由権規約・人種差別撤廃条約の国内実施のための立法措置（1）——差別禁止法制定と国内人権機関設置の必要性

　ヘイトスピーチに対する実効的な法的対処のためには、ヘイトスピーチそのものを規制することも必要であるが、日本の場合、それに先立ってまず求められるのは、自由権規約や人種差別撤廃条約の要請に沿って人種差別を禁止する法律を制定するとともに、その運用を含む任務を担う国内人権機関を設置することである。ヘイトスピーチは人種差別の一つの深刻な発現形態であるが、その規制は表現行為の規制となるゆえ慎重な姿勢が求められるのは当然としても、そもそも、人種差別を根絶すべきものとみる国家的・社会的なコンセンサスなしには、ヘイトスピーチの規制もおぼつかない[18]。ヨーロッパ諸国やカナダ、オーストラリア含め世界の多くの国ではヘイトスピーチ規

制が存在するところ、米国は表現規制に慎重な点で日本と同視されることがあるが、米国はヘイトスピーチ規制立法こそないものの、不特定多数の利用する施設における人種差別を公民権法で禁じており、また人種的動機による犯罪に刑罰を加重するヘイトクライム法をもつ点で日本とは異なる[19]。ヘイトスピーチ規制どころか、人種差別を禁止する法規定すら（憲法14条はあるが、私人間には直接に適用されない）ない日本は、その意味で特異な法状況にあると言ってよい。

　自由権規約26条は、法律があらゆる差別を禁止し人種や国民的出身、出生等のいかなる理由による差別に対しても平等の保護をすべての者に保障することを締約国に義務付けている。また、人種差別撤廃条約は2条1項で、いかなる個人、集団又は団体による人種差別をも禁止し終了させることとし、さらに5条では、「住居についての権利」や「公衆の健康、医療、社会保障及び社会的サービスについての権利」「輸送機関、ホテル、飲食店、喫茶店、劇場、公園等一般公衆の使用を目的とするあらゆる場所又はサービスを利用する権利」などを含む権利の享有にあたって法律の前の平等を保障することとしている。日本では、人種差別を具体的に禁止する法規定がないため、入居差別のような事案は主に不法行為で争うしかないが、原告による立証の難しさに加え、一般規定ゆえに、禁じられる人種差別とはどのような行為であるのかについて社会の中で人々（＝潜在的加害者・被害者）にとって明確な行為規範とならないという根本的な限界をもつ。そもそも人種差別が違法であり許されないことだという社会的認識を浸透させるためには、禁止される人種差別を明確に定義した差別禁止法が不可欠である。自由権規約と人種差別撤廃条約の上記の規定、及び「公的生活の分野における」平等の人権享受を妨げ又は害するものという「人種差別」の定義（人種差別撤廃条約1条）からすると、国は、雇用、住居、教育、社会的サービス、一般公衆の使用に開かれた場所やサービスの利用を含む「公的生活」の分野における差別を禁止する法律を制定するべきことが導かれる[20]。人種差別撤廃委員会は2014年の総括所見でも、人種差別を禁止する法律を制定するよう繰り返し日本に勧告している[21]。

　差別禁止法の制定と併せて是非とも求められるのは、国内人権機関の設置である。国内人権機関（National Human Rights Institution）とは、国が国家機関として設置するものであって、政府から独立した立場で人権基準の遵守促進のために活動する機関の総称である。国連では「国内人権機関の地位に関する原則」（パリ原則）を採択して、独立性や権限などの面で同原則

の指針に合致した国内人権機関の設置を加盟国に奨励している[22]。各国の国内人権機関がパリ原則に準拠しているかどうかを認証する制度を運用している「国内人権機関国際調整委員会」によると、2014年5月23日現在で国内人権機関の数は106ある[23]。これらの国内人権機関は、人権に関する調査・研究や人権教育プログラム開発などに加え、差別禁止法（個別分野の差別禁止法がある場合と、人権法・平等法のような包括的な法律がある場合に大別される）に違反する人権侵害の申立を受理する権限を与えられていることが多いが、中には、ヘイトスピーチ被害についても国内人権機関の管轄事項としているものがある[24]。国内人権機関を設置する際には、諸外国の取組みを参考にしそこから示唆を得ながら、ヘイトスピーチに対して一定の対応を図ることも考えられよう。

3　自由権規約・人種差別撤廃条約の国内実施のための立法措置（2）──ヘイトスピーチ規制の必要性

　一般的な人種差別禁止法に加え、ヘイトスピーチの中でも悪質なものについては、刑事処罰を検討する必要がある。人種差別撤廃条約批准を受け、ヘイトスピーチの処罰規定を刑法に盛り込んだ国は少なくない。例えばフランスは1965年に同条約を批准し、「人種差別主義との闘いに関する1972年7月1日の法律」[25]において、「個人又は集団に対して、その出自を理由に、又は民族、国家、人種もしくは特定の宗教に帰属することもしくは帰属しないことを理由に、差別、憎悪もしくは暴力を扇動した者は、1年の禁錮及び45,000ユーロの罰金又はそのいずれかの刑に処す」と規定した（24条。2004年の改正後の条文）。フランスは同条約批准の際、表現や結社の自由と4条の義務履行との間に適切なバランスを取ることにおいて自国の裁量権を残す旨の宣言を付している国であるが（イギリス[26]なども同様）、日本のように、表現や結社の自由との両立に言及する留保を付したまま何も立法措置を取っていないわけではないのである[27]。カナダは1970年の同条約批准に伴い連邦刑法に「ヘイト・プロパガンダ」の禁止を導入し、318条では「ジェノサイド（集団殺害）の唱道」[28]を、319条では「公的な憎悪の扇動」[29]について規定した。日本も締約国となっている国際刑事裁判所（ICC）規程はジェノサイド罪を同裁判所の管轄犯罪の一つとし、25条では個人が「他の者に対して集団殺害の実行を直接にかつ公然と扇動すること」も刑罰を科す対象としている。現在ではEUレベルでも人種差別に対する取組みが進み、

2008年の「人種主義及び外国人嫌いとの闘いに関するEU理事会枠組み決定」では、「人種、皮膚の色、世系、宗教もしくは信念、又は民族的もしくは種族的出身に基づいて定義される集団又はそのような集団の構成員に対して向けられる暴力又は憎悪の公的な扇動」、「国際刑事裁判所規程で定義されているジェノサイド罪、人道に対する罪及び戦争犯罪を公的に許容し、否定し又は大幅に矮小化する行為であって、そのような集団又はその構成員に対する暴力又は憎悪を扇動するような方法で行われたもの」など一定の行為は犯罪として処罰しうるよう確保すべきことが加盟国に要求されている[30]。

　人種差別撤廃条約4条(a)(b)の規定は①差別思想の流布、②人種差別の扇動、③人種主義的な暴力行為、④その行為の扇動、⑤人種主義や差別主義に対する援助の5つを規制対象として挙げているが、人種差別撤廃委員会は2013年の一般的勧告35「人種主義的ヘイトスピーチと闘う」で、人種主義的表現の犯罪化（criminalization）は、合理的な疑いを超えて立証される深刻な事案にとどめるべきであり、かつ刑事制裁の適用は合法性、均衡性及び必要性の原則に従うべきこと[31]、それほど深刻でないものについては、その性質や、標的とされた人や集団に対する影響の大きさを特に考慮に入れつつ、刑法以外の方法で対処すべきであるとの見解を示している[32]。犯罪とすべきものであるかどうかは、言論の内容と形態（挑発的で直接的なものか）、伝達方法を含め、言論が届く範囲（主流メディアやインターネットで流布されたか、繰り返し行われたか）などの要素を考慮に入れるべきであるとされる[33]。同勧告はまた、個別の事案の事実と法的評価が国際人権基準に沿って行われることを確保するためには、独立で公平な司法機関が不可欠であり、またこの点で、パリ原則に沿った国内人権機関がその役割を補完すべきこと[34]、人種差別主義的ヘイトスピーチを規制するための措置が、不正義への抗議、社会的反対などの表現を抑制するための口実として使われてはならないこと[35]にも言及している。高位にある公務員（閣僚、国会議員など）がヘイトスピーチを公的に非難することは、寛容と尊重の文化を促進する上で重要な役割を果たすこと[36]にもふれている。

　2014年の日本政府報告書審査後、自由権規約委員会は総括所見で、韓国人、中国人、部落民などのマイノリティに属する人々に対し人種主義的な言辞が広範になされており、それに対する刑法上・民法上の保護が不十分であることに懸念を示した[37]。そして、人種的優越や憎悪を唱道するプロパガンダやその流布のためのデモを禁止すべきこと、人種主義的攻撃に対しては実行者の調査・訴追（及び、有罪となる場合に適切な処罰が科されること）を

確保する措置をとるべきことを勧告している[38]。人種差別撤廃委員会も今回の総括所見において、前回所見(2010年)に続きヘイトスピーチ規制を求め、4条(a)(b)に対する留保を撤回し、法律、特に刑法を改正するための適切な措置を取るよう勧告している[39]。そして、今回の所見では特に、昨年採択された前述の一般的勧告35に言及して、「委員会は人種主義的言論を監視し闘うための措置が抗議の表明を抑制する口実として使われてはならないことを想起する。しかしながら、委員会は当事国に対し、人種主義的ヘイトスピーチ及びヘイトクライムからの防御の必要がある、被害を受けやすい立場にある集団の権利を守ることの重要性を思い起こすよう促す」として、ヘイトスピーチ規制においてはマイノリティ集団の権利保護が最重要であるという基本的観点を明確にしている[40]。これは、審査時、ヘイトスピーチ規制が反レイシスト集団のデモにも濫用されるのではないかというNGOの懸念を受けた委員の発言があったことを反映したものである[41]。その上で総括所見は、(a)集会における憎悪及び人種主義の表明並びに人種主義的暴力と憎悪の扇動に断固として取り組むこと、(b)インターネットを含むメディアにおけるヘイトスピーチと闘うための適切な手段を取ること、(c)そうした行動に責任のある民間の個人及び団体を捜査し、適切な場合には起訴すること、(d)ヘイトスピーチ及び憎悪扇動を流布する公人及び政治家に対する適切な制裁を追求すること、(e)人種差別につながる偏見と闘い、異なる国籍、人種もしくは民族の諸集団の間での理解、寛容及び友好を促進するために、人種主義的ヘイトスピーチの根本的原因に取組み、教育、文化及び情報の方策を強化すること、を勧告している[42]。

　以上みた通り、ヘイトスピーチの規制は日本にとって喫緊の課題ではあるが、刑事規制はその中の一角に過ぎず、刑事規制以外による対処のあり方を含め、ヘイトスピーチの内容や形態などの諸要素に照らした深刻さに鑑みてバランスのとれた手段が求められていることが分かる。諸外国にはヘイトスピーチへの対処に関してすでに豊富な実行があり、日本はそれらの先行例を研究して真摯に学ぶべきである。また、繰り返しになるが、人種差別を明確に禁止する法規定や独立した国内人権機関すらない日本では、順序としてはこの2つこそがまず取り組まれなければならない「宿題」である。幸か不幸か、醜悪なヘイトスピーチが顕在化したことで日本でも人種差別撤廃条約4条の国内実施をめぐる議論がようやく活性化し始めた。人種差別撤廃委員会の一般的勧告35と2014年の総括所見は、ヘイトスピーチへの取組みにおいて今後基本的な指針となっていくことだろう。

(しん・へぼん)

1　直訳すると「憎悪言論」であるが、日本語の定訳があるわけではない。このような言論には、例えば同性愛者や他宗教の信者に対するヘイトスピーチなど様々なものがありうる。

自由権規約19条2項は「国民的、人種的又は宗教的憎悪の唱道」を法律で禁止することとしているが、自由権規約委員会は日本に対する総括所見で、「ヘイトスピーチと人種差別」と題して人種主義（racism）や人種主義的言辞（racist discourse）の問題を取り上げている。また、人種差別撤廃条約4条(a)・(b)は、人種的優越や憎悪に基づく思想の流布、人種差別の扇動、人種や種族的出身の異なる人の集団に対する暴力行為の扇動などを法律で処罰すべきものとしており、人種差別撤廃委員会は一般的意見や総括所見でこうした「人種主義的ヘイトスピーチ（racist hate speech）」への対処を求めている。本稿では、このような条約規定と日本の状況をふまえ、人種的憎悪を流布し、又は人種差別やそれに基づく暴力行為を扇動する言論の意で「ヘイトスピーチ」の語を用いる。

2　在日韓国人が日本で不当に特権を得ておりそれを剥奪すべきであると主張する団体であるが、彼らの指弾する特別永住資格や通名使用などはいずれも、およそ特権などと言えるものではない（特別永住資格は、戦後日本政府によって一方的に日本国籍を剥奪された旧植民地出身者とその子孫に対し、定住の歴史的経緯に鑑み認められたものであるが、本来これらの人々は、1世は国籍の選択権を、2世以降は届出による日本国籍取得権を与えられてしかるべき存在である。退去強制や再入国許可など通常の外国人に適用される制度は、要件が緩和されているとはいえ特別永住者にも依然適用されることも留意すべきである。通名に至っては、日本社会における厳しい差別から逃れるためにやむなく使用している場合が多いのであり、中には会社が通名使用を強制することもある〔金稔万さんのケース。彼は会社と国を相手取って提訴したが敗訴している。大阪高判2013（平25）年11月26日。同年11月24日・29日付東京新聞も参照〕）。在特会の主張はこのように単なる「デマ」なのだが、「デマ」であっても、街宣活動やメディアを通して繰り返し流されることで、まるでその内容が実体のあるものであるかのように社会に浸透していき、ふとしたきっかけで実際の暴力行為につながる素地となることが、デマの恐ろしさである。現在のネット社会では特に、検索機能やソーシャルメディアの発達によって、根拠のないデマでも容易に拡散・過激化し、ネットを主な情報源とする人々の精神構造に大きな影響を与えている。

3　非正規滞在で退去強制になったカルデロンさん一家の事件に関して、日本に残った娘のり子さんに対し、在特会が学校や自宅まで押しかけて行った街宣がそれである。朝鮮学校の子どもの制服や髪の毛が切られるといった嫌がらせはそれ以前からも頻発している。

4　奈良地判2012（平24）・6・25 LEX/DB25482112。

5　前田朗「団体構成員らが学校や労組事務所に押し掛けて侮辱的言辞を呼号し喧騒を引き起こすなどしたことが威力業務妨害、侮辱等にあたるとされた事例」新・判例解説Watch 10号（2012年）311頁。

6　京都地判2011（平23）・4・21 LEX/DB25502689。被告人4名中3名については判決が確定し、1名は控訴したが同年10月28日の大阪高裁判決で控訴が棄却されている。

7 京都地判2013（平25）・10・7判時2208号74頁（LEX/DB25501815）。
8 人種差別を禁止し終了させることや効果的な救済を与えることを求めたこれらの規定の名宛人は国であって、裁判所を「名宛人として直接に義務を負わせる」規定であるという判示は正確でないという批判はあろう（寺谷広司「ヘイトスピーチ事件――朝鮮学校への街宣活動と人種差別撤廃条約」ジュリスト1466号『平成25年度重要判例解説』〔2014年〕293頁）。しかし、統治機構の中でこれらの義務を果たすことが最も求められ期待されているのは裁判所であり（特に6条では、裁判所による効果的な保護及び救済が明示的に規定されており、また2条1項に関しては、差別を禁止する立法措置が取られていない日本の現状がある）、裁判所はこれらの規定をふまえてその責務を果たすことを要請されているという意味で、この判示の趣旨は理解できるし肯定的に評価すべきである。
9 人種、皮膚の色、世系又は民族的若しくは種族的出身に基づくあらゆる区別、排除、制限又は優先であって、政治的、経済的、社会的、文化的その他のあらゆる公的生活の分野における平等の立場での人権及び基本的自由を認識し、享有し又は行使することを妨げ又は害する目的又は効果を有するもの」。
10 General recommendation XXVI on article 6 of the Convention, A/55/18, para.2.
11 宝石店への入店拒否に関する静岡地判1999（平11）・10・12判時1718号92頁。
12 寺谷・前掲注8論文。
13 例えば、1997年、日本人の少年グループによる集団暴行を受けて死亡した日系ブラジル人エルクラノ君の事件では、被害者は加害者と面識はなく、「ブラジル人」を狙った犯行に巻き込まれたものだったが（西野瑠美子『エルクラノはなぜ殺されたのか』〔明石書店、1999年〕参照）、犯行が外国人に対する偏見によるものだったという検察側主張は判決（主犯格の元少年につき傷害致死などによる懲役5年の実刑判決、名古屋地判1998〔平成10〕・10・27）に反映されていない。
14 大阪高判2014（平26）・7・8判時2232号34頁。
15 中村一成「ヘイト・スピーチとその被害」金尚均編『ヘイト・スピーチの法的研究』（法律文化社、2014年）49～50頁。
16 前述の宝石店入店拒否事件（注11）のほか、公衆浴場への入店拒否に関する札幌地判2002（平14）・11・11判時1806号84頁。
17 中村・前掲注15論文50～51頁。
18 櫻庭総「刑法における表現の自由の限界――ヘイト・スピーチの明確性と歴史性の関係」金・前掲注15書107～127頁は、表現の自由との関係から処罰範囲の明確性を担保するためにも、その前提として、第1に、差別の実態調査とその社会的認知が必要であること、第2に、刑事規制以外の広義のヘイト・スピーチにも対応しうる準司法的な人権救済機関が必要であることを強調している。
19 小谷順子「言論規制消極論の意義と課題」金・前掲注15書102頁。
20 申『国際人権法――国際基準のダイナミズムと国内法との協調』（信山社、2013年）359～

360頁。
21　CERD/C/JPN/CO/7-9, para.8.
22　1992年国連人権委員会決議、及び翌年の国連総会決議。
23　そのうち、Ａランクの認証を受けた、すなわち政府から独立した国内人権機関として国際的に認知された国内人権機関は71あり、アジア・太平洋では15、アフリカでは18、米州では16、ヨーロッパでは22である（Chart of the Status of national Institutions,〈http://nhri.ohchr.org/EN/Documents/Chart%20of%20the%20Status%20of%20NHRIs%20(23%20May%202014).pdf〉）。日本の立ち遅れはここでも目立つ。自由権規約委員会と人種差別委員会はいずれも日本に対し、パリ原則に沿った国内人権機関を設置するよう今回も繰り返し勧告している（CCPR/C/JPN/CO/6, para.7; CERD/C/JPN/CO/7-9, para.9）。
24　オーストラリアは、差別禁止法と国内人権機関による民事的なヘイトスピーチ規制の手法を取っている国である。同国は1975年に人種差別撤廃条約を批准し、その国内実施法として人種差別禁止法（Racial Discrimination Act 1975）を制定した。1980年代後半以降、アジア人やユダヤ人を標的とした暴力や脅迫に対して州レベルでヘイトスピーチに対処する法律が制定されるようになったこと、また拘置所におけるアボリジニの変死事件が政府による調査対象となったことなどを背景として、連邦レベルでヘイトスピーチを規制する必要性が認識され、1995年の人種差別禁止法改正に至った（ステファニー・クープ「オーストラリアにおける人種に基づく中傷の禁止と表現の自由――イートック v. ボルト事件を中心に」アジア太平洋レビュー〔大阪経済法科大学アジア太平洋研究センター〕10号〔2013年〕3～4頁）。改正法は、「Part IIA―人種的憎悪に基づく不快感を与える行為の禁止」として、人種、皮膚の色、国民的・種族的出身を理由に、個人又は集団に不快感を与え、侮辱し、屈辱を与え、又は脅迫する行為を違法とする（18条C。18条Dは適用除外について規定し、(a)芸術的なパフォーマンス又は芸術作品の提示もしくは配布、(b)学術的、芸術的もしくは科学的な目的、又は公衆の利益となるその他の真の目的をもって行われる発言、出版、議論もしくは討論、(c)公益に関するあらゆる出来事もしくは問題についての公正かつ正確な報告又は公正なコメントを18条Cの適用範囲から除外する）。被害を受けた者は、オーストラリア人権委員会（Australian Human Rights Commission）に申立をすることができる。同委員会は調停によるインフォーマルな解決を試み、これによって解決されない場合には、被害者は連邦裁判所に提訴することができる。なお、オーストラリア人権委員会は人種差別禁止法の他にも、連邦の差別禁止法（性差別法、障害差別法、年齢差別法）の運用に関する任務を担っている。
25　Loi n° 72-546 du 1 juillet 1972 relative à la lutte contre le racisme.
26　イギリスにおけるヘイトスピーチの規制は、民事と刑事の双方にわたりかつ度重なる強化を経てきている（1965年人種関係法〔Race Relations Act〕、1986年公共秩序法〔Public Order Act〕、1994年刑事司法及び公共秩序法〔Criminal Justice and Public Order Act〕、2006年人種的及び宗教的憎悪法〔Racial and Religious Hatred Act〕）。イギリスにおけるヘイトスピーチの規制とそれに対する国際人権法の影響については、S. Halpin,"Racial Hate Speech: A

Comparative Analysis of the Impact of International Human Rights Law upon the Law of the United Kingdom and the United States", 94 Marquette Law Review 463 (2010) が有益である。

27 なお、日本は4条の(c)(「国又は地方の公の当局又は機関が人種差別を助長し扇動することを認めないこと」)には留保を付していないが、石原慎太郎元都知事の度重なる人種差別発言を放置してきたように、この条項についても特に措置を取ってきていない。

28 1項「ジェノサイドを唱道し又は促進した者は、訴追される罪を犯したものとして5年以上の禁錮刑に処す」。2項「本条においてジェノサイドとは、特定可能ないずれかの集団の全部又は一部を破壊する意図をもって行われる以下のいずれかの行為をいう。(a)当該集団の構成員を破壊すること。(b)当該集団の肉体的破壊をもたらすことを意図した生活条件を故意に課すこと」。4項「本条において、特定可能な集団とは、皮膚の色、人種、種族的出身又は性的指向性によって区別される公衆のいずれかの部分をいう」。

29 1項「その扇動が平和の破壊をもたらす可能性が高い状況において、公共の場で意見を伝達することによって、特定可能ないずれかの集団に対する憎悪を扇動した者は、(a)訴追される罪を犯したものとして2年以下の禁錮刑に処し又は(b)略式刑[陪審によらない有罪判決]に処す」。2項「私的な会話以外において、意見を伝達することによって、特定可能ないずれかの集団に対する憎悪を意図的に促進した者は、(a)訴追される罪を犯したものとして2年以下の禁錮刑に処し又は(b)略式刑に処す」。3項「以下の場合は、第2項による罪で有罪とされない。(a)その者が、伝達された意見が真実であることを証明した場合。(b)その者が、宗教上の題材に関する意見又は宗教上の経典における信仰に基づく意見を、誠意をもって表明し又は、議論を通して確立することを試みた場合。(c)公共の利益に関する題材に関連した意見で、公共の利益に役立つ議論であり、かつ、発言者がそれを真実であると信ずるに足りる合理的な理由があるとき。(d)その者が、カナダ内の特定しうるある集団に対する憎悪感情を生み出すか又は生み出す傾向のある事柄を、その除去を目的として指摘することを誠実に意図していた場合」。なお、318条・319条ともに、訴訟手続の開始には司法長官の同意要件がおかれている。

30 加盟国はまた、それらの犯罪が均衡性ありかつ抑止力ある刑罰によって処罰されうること、並びに禁錮刑の刑期は少なくとも1年から3年とすることを確保しなければならない(Council Framework Decision on combating racism and xenophobia,〈http://europa.eu/legislation_summaries/justice_freedom_security/combating_discrimination/l33178_en.htm〉)。

31 この点で委員会は、表現の自由に関する自由権規約委員会一般的意見34の内容にも言及している。

32 CERD/C/GC/35, para.12.
33 Ibid., para.15.
34 Ibid., para.18.
35 Ibid., para.20.

36 Ibid., para.37.
37 CCPR/C/JPN/CO/6, para.12.
38 Ibid.
39 CERD/C/JPN/CO/7-9, para.10.
40 師岡康子「ヘイト・スピーチに関連する2014年CERD総括所見の意義」IMADR-JC通信（反差別国際運動日本委員会）179号（2014年）4頁。
41 同上、4～5頁。
42 CERD/C/JPN/CO/7-9, para.12.

【参考】
日本弁護士連合会「人種等を理由とする差別の撤廃に向けた速やかな施策を求める意見書」（2015年5月7日）概要

　日弁連は、2015年5月「人種等を理由とする差別の撤廃に向けた速やかな施策を求める意見書」をまとめた。この意見書は「人種差別撤廃条約」の理念に基づいて、人種等（人種、皮膚の色、世系、民族的若しくは種族的出身、国籍）を理由とする差別（以下「人種的差別」という。）の撤廃に向けた速やかな施策を行うことを求めたものである。全文は日弁連のHP〈http://www.nichibenren.or.jp/library/ja/opinion/report/data/2015/opinion_150507_2.pdf〉に掲載されている。意見の趣旨は次のとおりである。

1　国に対し、人種的差別を理由とする入店・入居拒否等の差別的取扱いや、人種的憎悪や人種的差別を扇動又は助長する言動（「ヘイトスピーチ」）等の人種的差別に関する実態調査を行うことを求める。

2　国に対し、以下のような内容の、人種的差別禁止の理念並びに国及び地方自治体が以下の内容を定める人種的差別撤廃に向けた施策を実施するに当たっての基本的枠組みを定める法律の制定を行うことを求める。
　(1)　目的　憲法13条及び憲法14条とともに、人種差別撤廃条約の理念を実現することを目的とする。
　(2)　人種的差別の定義　包括的な人種的差別の定義として、人種、皮膚の色、世系、民族的若しくは種族的出身、国籍に基づく差別を含める。
　(3)　不当な差別行為等の禁止　あらゆる日常生活又は社会生活における

個々人に対する不当な差別的取扱いとともに、ヘイトスピーチを公然と行うことは許されない。

(4) 基本方針の策定　国及び地方自治体が人種的差別の撤廃に向けた施策を遂行するための指針となる基本方針を策定し、これを定期的に見直す。

(5) 国及び地方自治体の行うべき施策　国及び地方自治体が、人種的差別を受けた者に対する効果的な保護及び救済、寛容及び相互の理解を促進するための啓発活動を含む人種的差別撤廃に向けたあらゆる施策を総合的かつ一体的に実施する責務を負う。

(6) 人権教育の実施　国及び地方自治体が、人種的差別及びその原因を解消するため、人権教育を充実させる責務を負う。

(7) 人種的差別の撤廃に向けた政策の提言等を行う機関の設置　人種的差別の実態に関する調査を行い関係行政機関に対して意見を述べ、国及び地方自治体が上記の基本方針の案を提示し、差別を受けた者に対する効果的な保護及び救済を確保するための政策を提言する、また一定の独立性を有する機関を設置し、この機関の委員は、人種的差別を受けた者の意見を適切に反映し、差別の実情を踏まえた審議ができるよう構成されなければならない。

3　国に対し、政府から独立した国内人権機関を早急に設置し、個人通報制度の利用を可能とするための措置を講ずることを求める。

■コラム■ジュネーブこぼれ話⑦　ロドリー議長のいらだち

　ロドリー議長の閉会の挨拶は、2日間の審議を総括したものであるが、いらだちを隠せなかった。「繰り返しのプロセスがある。勧告が考慮されない、そこでまた勧告するという繰り返し。これは資源の有効活用とはいえない。同じ勧告を繰り返させるな。代用監獄を維持しているのは自白を求めたいと考えているためというのが唯一の理由ではないか。拷問禁止委員会等を含めて勧告しているのに抵抗しているのが残念だ。日本政府は国際社会に抵抗しているようにみえる」と。
　審議中、3人の委員が袴田事件に触れた。この事件は世界的に広く知られているな、と感じた。今回の審議は、従来の条約機関の審議と比べて、委員の的をついた、鋭い質問が相次いだことが印象的だった。これに対する日本政府答弁は、従来にも増して、通り一遍の官僚答弁であった。これがロドリー議長のいらだちのコメントとなったのであろう。
　その結果、今回の最終見解は、「代用監獄を廃止するためにあらゆる手段を講じるか、さもなければ、特に、起訴前保釈、弁護人が取調中に立ち会うこと、取調べについて、継続時間の厳格な時間制限及び方法を設定する立法措置、また、取調べは全部ビデオ録画されるべきこと、独立した不服審査メカニズムなどを保障することによって、規約9条及び規約14条におけるすべての保障の完全な遵守を確保すべきである」と、一層踏み込んだ勧告になった。「代用監獄を廃止するためにあらゆる手段を講じ」なければならないとは、最大級の警告である。「さもなければ……」というのも、これが実現すれば代用監獄（の弊害）を実質的になくすことに他ならない。
　いま検討されている規約9条3項の「一般的意見」草案は、「勾留後、被疑者を警察留置場に連れ戻すことは許されず、警察とは別機関が管理運営する施設に収容しなければならない」と明記している。
　日本の刑事司法はまるで「中世」のよう（2013年拷問禁止委員会ドマ委員発言）で、国際社会から孤立していることをしっかり認識するところから出発しなければならない。

【小池振一郎】

第6回自由権規約委員会日本報告書審査における秘密保護法と「情報にアクセスする権利」（自由権規約19条）の問題

藤田早苗（エセックス大学人権センター）

1　はじめに

　秘密保護法は第6回の自由権規約日本報告書審査において、日本のNGOがヘイト・スピーチとともに、最も重視していた問題である。知る権利、すなわち「情報にアクセスする権利」は自由権規約19条に明文で規定されているが、2013年12月6日に強行採決によって成立した秘密保護法は規約19条に違反しているという問題である。

　日本が1979年に自由権規約を批准したとき既に存在し、その「改善」を委員会に繰り返し勧告されてきた規約上の他の多くの人権問題とは違い、秘密保護法の問題は、規約の締約国としての日本がわざわざ人権状況を悪化させる法律、つまり規約に反する法律を制定したということ、加えて情報にアクセスする権利の侵害による被害は女性、先住民、外国人などといった個別のグループを越えて、すべての人に影響する問題であるということからも注視すべきものであろう。

2　国連と日本の秘密保護法——自由権規約委員会審査までの経緯

　国連の人権機関が日本の秘密保護法を最初に取り上げたのは、法案への反対運動が全国で高まりつつあった2013年の11月のことである。同年10月25日の秘密保護法案の閣議決定に際し、すでにニューヨーク・タイムズなどがこの法案の問題を報道していたので海外でも知られるところとなっていたが、さらに国際世論を高めるべく筆者は友人と英訳した法案を、表現の自由に関する著名な国際NGOのARTICLE19（在ロンドン）に紹介し、国連人権理事会の特別手続きを用いて表現の自由に関する国連特別報告者のフランク・ラ・ルー氏に「通報」した。そして彼らは国際人権法の定める「情報にアクセスする権利」の基準に照らして秘密保護法の問題を指摘し、次々

に声明を発表した[1]。

11月21日に発表されたラ・ルー声明は2012年に福島原発事故の健康への影響を視察するために来日した、健康への権利に関する国連特別報告者アナンド・グローバー氏との共同声明であり「法案は極めて広範囲で曖昧のようである。その上、内部告発者、そして秘密を報道するジャーナリストに対してさえも重大な脅威をはらんでいる」と懸念を表明した。

特別報告者は法案にある情報を公開した人に対する罰則について特に注目し、「違法行為や、公的機関による不正行為に関する情報を公務員が正当な目的で公開した場合、法的制裁から守られなければならない」と強調した。また「同じように、ジャーナリストや市民社会の代表などを含むそのほかの個人が、公益のためと信じて機密情報を受け取りまたは流布しても、他の個人を重大な危険の差し迫った状況に追いやることがない限り、いかなる処罰も受けてはならない」とも指摘した[2]。

この特別報告者の声明により、日本の秘密保護法案の問題は国連人権機関の関係者に広く知られることとなった。そして、12月2日に行われたナビ・ピレイ国連人権高等弁務官への記者会見でもこの問題について質問があがった。彼女はその質問に答えて「何が秘密を構成するかなど、いくつかの懸念が十分明確になっていない」「国内外で懸念があるなかで、成立を急ぐべきではない」「政府がどんな不都合な情報も秘密として認定できてしまう」「日本国憲法や国際人権法で保障されている表現の自由や情報にアクセスする権利を保護するための適切な措置が必要である」と懸念を述べた[3]。

これらの国連の人権専門家による声明や発言については、日本のマスコミも報道し、国会の答弁でも取り上げられたが、特別報告者の声明に関する質問に安倍首相は「誤解しているようだ。人権理事会の意見ではない」と答えた。またピレイ高等弁務官の発言に関しては「外務省によると、修正が施され国会がチェックアンドバランスの役割を果たしていることを評価すると、事実上修正をしたということについての評価も頂いている」という返答をしている。後者の答弁に関しては、筆者がジュネーブの国連本部に問い合わせたところ、ピレイ氏の記者会見の翌日、ジュネーブの日本代表部がピレイ氏を訪問したという。日本代表部は国会で法案に修正が行われていることを説明し、ピレイ氏もそれは認めたが、彼女の趣旨はその修正案を含めた法律をもとにこれからも日本政府と議論を続けたい、ということだったという。

つまり、人権高等弁務官としてはまだ秘密保護法には問題を感じており、日本政府が公式英訳を準備するということで、その完成をまって対話を続け

たい、ということであった。そこで NGO などは日本政府に対して早急に英訳を完成させ、国連との対話をするように求めた[4]。しかしその翻訳が終わり、一般に公開されたのは報告書審査直前の 2014 年の 7 月で、ピレイ氏の任期が終わるまで一月ほどしかなく、結局日本政府とピレイ氏との対話は実現しなかった。その意味でも、自由権規約委員会による第 6 回日本報告書審査は、すでに国連の人権専門家から懸念が示されていた秘密保護法についての、日本政府と国連との公式な対話の場として重要な意味をもっていた。

3　自由権規約 19 条と一般的意見 34

　国連は早くから情報にアクセスする権利を重視してきた。1946 年の第 1 回国連総会では、「情報に関する自由は基本的な人権であり、……国連が擁護するすべての自由の試金石である」[5] としてこの権利の重要性を強調している。つまり、情報に関する自由の保障のレベルによって、その国のその他のすべての人権や自由のレベルを判断することができる、ということであろう。

　この権利は日本国憲法には明文化されていないが、自由権規約 19 条 2 項には「すべての者は、表現の自由についての権利を有する。この権利には、口頭、手書き若しくは印刷、芸術の形態又は自ら選択する他の方法により、国境とのかかわりなく、あらゆる種類の情報及び考えを求め、受け及び伝える自由を含む」と明確に規定されている。

　自由権規約委員会の一般的意見で 19 条に関するものは 1983 年に作成された一般的意見 10 であったが、これに代わるものとして委員会は 2011 年に新たに 19 条に関する一般的意見 34 を作成した。冷戦後「情報にアクセスする権利」はさらに発展したため、一般的意見 34 にはより詳しくこの権利と国家の義務の内容が記載された[6]。

　19 条はその 3 項で締約国がこの権利に制限を加えることを許しているが、そのためにはいくつかの条件を満たさなければならない。この権利への制限は法によって規定されなければならず、制限は (a) 他の者の権利又は信用の尊重、(b) 国の安全、公の秩序又は公衆の健康若しくは道徳の保護という目的のために必要とされるものに限る。

　秘密保護法との関係では (b) が問題になるが、一般的意見 34 は「反逆罪法及び国の安全に関する類似の規定」について「国の安全を脅かさない正当な公益に関する情報公開を抑圧もしくは差し控えるために、又は、そのよう

な情報を発信したことを根拠に、ジャーナリストや、研究者、環境保全活動家、人権擁護者その他の者を起訴するために、当該法律を発動することは、第3項とは両立しない」[7]と明記している。またジャーナリストには「ブロガーや印刷物、インターネットやその他の方法で自己出版に従事する人たち」など広い範囲の人が含まれる[8]。

さらに、制限は正当な目的のために「必要」なものでなければならず、「制限の対象は、広範すぎるものであってはならない」[9] とし、締約国が正当な根拠に基づいて制限を行使する場合でも、「その脅威の性質、及び講じた特定の措置の必要性及び比例性について、特に、表現とその脅威との直接的な関係を示すことによって、具体的かつ個別に示さなければならない」[10] として、政府の説明責任の必要性が強調されている[11]。

4　審査に向けて——NGOのカウンターレポート

今回の審査に向けて日本のNGOは表現の自由と秘密保護法の問題、そしてヘイト・スピーチの問題を最重要課題として重視していた。今回の日本審査のリスト・オブ・イシューズは2013年11月に作成されたが、秘密保護法はそのあとで成立したので、自由権規約委員会は追加事項としてNGOなどのカウンターレポートを審査の約1か月前まで受け付けた。そして日弁連の報告書のほか、日本の19団体がジョイント・レポートを提出し、海外からもアムネスティ・インターナショナル、そして「国家安全保障と情報への権利に関する国際原則」（ツワネ原則）起草の主導者であるオープン・ソサエティ財団のオープン・ソサエティ・ジャスティスイニシアチブが詳細な報告書を提出していた。同財団に関しては、その上級顧問でありアメリカ政府において安全保障に関する3つの要職を務めるモートン・ハルペリン氏が2013年12月に日本の秘密保護法について「この法は、21世紀に民主的な政府によって検討された秘密保護法の中で最悪なものだ。同様に懸念すべきは、市民社会や国際的な専門家との協議をもたず法案を作成したその急ぎ方である」と厳しく批判している[12]。

筆者が関与したオープン・ソサエティのカウンターレポートは、自由権規約19条と一般的意見34という国連公式文書に絞って議論した15ページにわたるものである[13]。そこでは（1）秘密指定される情報の定義が広くて曖昧であり、公益に関わる情報に不必要な制限を与えうるという問題、（2）秘密を公開した公務員がその公開による損害と公益に関して説明する機会を

与えられずに重大な処罰が課されうるという問題、(3) ジャーナリストや個人がたとえ公益に資する情報でも秘密を公開した場合に重大な処罰に課されうるという問題が指摘されている。

　また日本政府が「秘密保護法は人々の知る権利を侵害するものではない」という根拠として繰り返し引用している秘密保護法22条についても、厳しく問題点を指摘している。秘密保護法22条は、「1　この法律の適用に当たっては、これを拡張して解釈して、国民の基本的人権を不当に侵害するようなことがあってはならず、国民の知る権利の保障に資する報道又は取材の自由に十分に配慮しなければならない。2　出版又は報道の業務に従事する者の取材行為については、専ら公益を図る目的を有し、かつ、法令違反又は著しく不当な方法によるものと認められない限りは、これを正当な業務による行為とするものとする」と規定しているが、オープン・ソサエティの報告書は、日本国憲法はすでに報道の自由を保障しているのにもかかわらず、秘密保護法ではこの権利を単に「配慮しなければならない」としており、それによって保障のレベルを下げる危険性がある。そのため、この条文は実際には有害であるので削除するべきだ、と主張する。

　また秘密保護法22条2項については、ジャーナリズムの定義が「出版又は報道の事業に従事する者」と極めて狭い範囲であり、ラジオやオンラインその他のメディアを合法的に除外することができるため非常に問題である、と指摘する。さらに政府に対する民主的な監視で重要な役割を果たす市民運動グループのようなほかの一般のウォッチドッグへの保護が何もない。この条文は「正当な」ジャーナリストの保護を意図したものかもしれないが、彼らと同様の保護を受ける権利のある、出版又は報道の事業以外に従事するジャーナリスト的な活動をしている多くの人を除外している。前述のように一般的意見34はジャーナリストの範囲について広く定義しており、その点から見ても秘密保護法22条は問題であると指摘している[14]。

5　自由権規約委員会における審査と最終見解

　自由権規約委員会の日本審査本会議に先立ち、委員に対してNGOのブリーフィングが行われた。前述のオープン・ソサエティはブリーフィングにも本会議にも参加できなかったが、事前にツワネ原則の冊子60冊をロビーイング用にジュネーブに送ってくれていたため、会場で委員や参加者に配布することができた。

NGOブリーフィングでは、秘密保護法に関してジョイント・レポートを提出していた19団体を代表して小川隆太郎弁護士が「2012年の12月に政権が交代して以来、日本政府は立憲主義と基本的人権を無視してきた。政府は市民の監視を強め、戦争への準備に向ってその勢いを増しているが、この動きの一つの事例が特定秘密保護法である」とステートメントを読み上げ問題を訴えた。そして、どんな秘密が国によって特定秘密として指定されないかを明記すること、法律にはジャーナリスト、市民活動家及び真っ当な内部告発者に対する処罰をすること及びそれらの人々に情報源の開示を要求することを共に禁止することを明記すること、あらゆる情報にアクセスし且つ特定秘密を取り消す権限を持つ独立した監視機関を設置すること、を委員会が日本政府に勧告するように要望した。

　本会議においては自由権規約19条と一般的意見34に基づいてドイツのアンヤ・ザイバート・フォー委員から次のような秘密保護法に対する懸念と詳細な質問が提示された。

　「情報へのアクセスを拒否する場合は相当な理由が述べられるべきであり、取り決めがなされて拒否された場合の不服申し立てが可能でなければならない。19条3項には制約について述べられているが、一般的意見が強調しているのは、締約国による国家の安全保障や公的な秘密の保護は、非常に慎重に3項に基づいた厳しい要件を満たした上で行われなければならないということである。こういう法律は具体的に書かれたものであるべきだが、秘密保護法の翻訳を読む限り適用がどのくらいの範囲のものであるかということが非常に分かりにくい。何が秘密として指定できるのか、ということがはっきりしない。別表をみる限り非常に広いように思われる。防衛、外交、テロの防止、そしてこれが何を意味するのかわからないが指定された危険活動ということまで述べられている。さらに、特定秘密として分類する基準が明確ではない。これは由々しきことである。また秘密保護法24条に書かれている、秘密情報を開示した場合の刑が最長10年ということも懸念する。こういう規定はメディアを非常に委縮させるものである。秘密保護法の22条はニュースの報道の自由をうたっているが、この規定は具体的な意味が明白ではない。一般的意見によると、秘密情報を流布したということで、ジャーナリストや環境活動家や人権擁護者を起訴するということは19条と整合性がない。

　日本はこの法律が19条に即した形で適用されるように、どのように情報にアクセスする権利を確保するのか。安全保障と公の秩序の保護のために必要なときのみ、相当な範囲でしか起訴が行われないようにするためのセーフ

ガードはあるのか。研究者や環境活動家や人権の擁護者が、刑罰に課されないことをどうやって確保するのか」。

また委員会のロドリー議長からも「そもそもどういう問題が起きたから特定秘密保護法が必要ということになったのか」という質問があった。質問に対して日本政府は、今回の立法は欧米なみのものである、恣意的な運用はされない、報道目的の情報取得は処罰されないなどと回答した。

7月24日に公開された勧告では「特定秘密保護法が、秘密に特定できる事項に関する定義が広くて曖昧であること、秘密指定に関して一般的な条件を含んでいること、そしてジャーナリストや人権擁護者の活動に深刻な萎縮効果を及ぼしうる重い刑罰を課していること」への懸念が示され、秘密保護法が自由権規約19条に定められる厳格な基準と合致することを確保するために日本は必要なあらゆる措置を取るべきである、とされた。そして「(a) 特定秘密に指定されうる情報のカテゴリーが狭く定義されていること、また、情報を収集し、受け取り、発信する権利に対する制約が、適法で均衡性の原則を満たし、国家安全保障に対する明確且つ特定された脅威を予防するための必要性を備えたものであること。(b) 何人も、国家安全保障を害することのない真の公益に関する情報を拡散させたことによって罰せられないこと」が具体的に勧告された[15]。このようにジャーナリストや人権活動家の公益のための活動が処罰から除外されるべきことが求められたわけであるが、ここで言われている「ジャーナリスト」の範囲はすでにみたように、一般的意見34が規定する幅広い定義のものであることも留意する必要がある。

このように自由権規約委員会は秘密保護法が規約19条に反するものであることを指摘した。条約は法律よりも上位にあるので、条約の締約国である日本は人権条約に反する国内法は改定・廃止しなくてはいけない。従って自由権規約に反する秘密保護法は規約の定める国際人権基準に見合ったものに改定される必要がある。その際、一般的意見34と共に活用されるべきものが、ツワネ原則であろう。ツワネ原則には法的拘束力はないが、各国の秘密保護法が「情報にアクセスする権利」に見合うように制定されるために、国際的な基準とそれを体現したベストプラクティスをもとに作成されたガイドラインである。フランク・ラ・ルー特別報告者もこの原則は「情報にアクセスする権利への大きな貢献であり、人権理事会で採択されるべきものである。すべての国は国家安全保障に関する国内法の解釈において、この原則を反映させるべきである」と強調している[16]。よって、ハルペリン氏が2014年5月の来日の際に繰り返し指摘したように、民主国家であればこの原則を少なく

とも検討する必要があるであろうし、政府はもし従わないのであれば、どこがどういう理由で従えないのか、を国民に説明する義務があるであろう [17]。

6　おわりに

　前述の国連総会決議が強調するように、情報に関する自由はその国のその他の自由や人権の試金石である。情報にアクセスする権利が侵害されれば、その他の自由や人権の保障も低下する危険性があるともいえよう。日本においては今その権利が秘密保護法によって著しく侵害されつつあるのである。国境なき記者団による報道の自由に関する統計で、日本は2012年の22位から2014年には59位に急落しており [18]、2014年12月の秘密保護法の施行後は100位以下になるのではないか、という予想もある。そういう深刻な状況にある日本にとって、今回の自由権規約日本報告書審査とその勧告は、国際社会からの重要な警告であり、秘密保護法に反対する国内の運動にとっても大きな意味を持つものとなった。今後、勧告が確実に実施されるように監視を続けていく必要があるが、そのためにも、上に述べた自由権規約19条と一般的意見34に規定されている「情報にアクセスする権利」に関する締約国の義務についての理解が、政府内でも人々のあいだでも深まり、さらに世論が高まることが望まれる。

（ふじた・さなえ）

1　ARTICLE 19の声明は"Japanese Parliament must reject new secrets bill ARTICLE 19"(12 Nov 2013)〈http://www.article19.org/resources.php/resource/37346/en/japanese-parliament-must-reject-new-secrets-bill〉参照。

2　"Independent UN experts seriously concerned about Japan's special secrets bill"〈http://www.ohchr.org/EN/NewsEvents/Pages/DisplayNews.aspx?NewsID=14017&LangID=E〉。和訳は〈http://freedexjapan.wordpress.com/〉または〈http://www.unic.or.jp/news_press/info/5737/〉参照。

3　Justin McCurry, "Japan whistle-blowers face crackdown under proposed state secret law", The Guardian, (5 Dec 2013).

4　例えば、人権理事会でのヒューマンライツ・ナウによる2014年3月14日のステートメント"Oral statement on Secret Bill of Japan"〈http://hrn.or.jp/activity/project/cat10/cat189/post-265/〉。

5　UNGA　Res　59(1)(14 December 1946).

6 この権利の発展については拙稿「国際人権法の定める『情報にアクセスする権利』と秘密保護法」法学セミナー59巻6号（2014年）1〜5頁参照。
7 「一般的意見34」30項。
8 「一般的意見34」44項。
9 「一般的意見34」33、34項。
10 「一般的意見34」35項。
11 国家安全保障と情報にアクセスする権利については、フランク・ラ・ルー特別報告者の報告書、UN Doc A/68/362（2013年9月4日）も参照されたい。その紹介としては拙稿「国連人権条約から見た秘密保護法の問題性」海渡雄一・清水勉・田島泰彦編『検証秘密保護法　何が問題か──検証と批判』（岩波書店、2014年）163〜175頁参照。
12 オープン・ソサエティ財団のプレスリリース（2013年12月5日）。
13 オープン・ソサエティが報告書でツワネ原則を引用しなかったのは、まだ自由権規約委員会の委員にはこの原則が十分認識されてないかもしれないので、今回の審査に際しては国連公式文書に絞った議論が自由権規約委員会に対してはより効果的であろう、という彼らの判断によるものである。
14 Open Society Justice Initiative , " Submission for the Periodic Review of Japan" (June 2014), pp. 10-13.
15 自由権規約委員会による第6回日本政府報告書審査最終見解（2014年7月24日）23項。原文　は〈http://tbinternet.ohchr.org/_layouts/treatybodyexternal/SessionDetails1.aspx?SessionID=626&Lang=en〉、暫定和訳は〈http://www.hurights.or.jp/archives/newsinbrief-ja/section3/2014/07/post-110.html〉参照。
16 ツワネ原則冊子の裏表紙。
17 Independent Web Journal (IWJ)　「元NSC高官が秘密保護法を痛烈批判『ツワネ原則から逸脱するのであれば日本政府は説明を』」（2014年5月8日）〈http://iwj.co.jp/wj/open/archives/138696〉。
18 Reporter without border, World Press Freedom Index 2014, p.30〈http://rsf.org/index2014/data/index2014_en.pdf〉.

■コラム■ジュネーブこぼれ話⑧　袴田事件をアピール

　私は、6年前の前回の会議にも日弁連のメンバーとして参加させてもらった。今回は、2014年3月に袴田再審請求に対する静岡地裁決定があり、委員会に死刑の人権侵害性を訴える絶好のチャンスだと思っていた。
　会議の直前に、日弁連の追加カウンターレポートの作成作業があったが、そこに袴田再審開始決定の解説を加えてもらった。
　ジュネーブの現地では、袴田事件の映画「BOX袴田事件 命とは」の英語字幕版の上映会をした。委員にはビラを配り、参加を勧誘した。残念ながら、委員の参加は得られなかったが、地元のジャーナリスト数名の参加があり、それなりに宣伝効果はあったと思う。
　私は、NGOブリーフィングや本会議の休憩時間を利用して、各委員に、資料を配り、袴田事件について話し掛けた。まず、名刺を渡し、"I am a Japanese lawyer."とにわか仕込みの片言の英語（大阪弁？）で自己紹介し、袴田事件についての日弁連リポート、袴田再審開始決定を報じた、英文、仏文の新聞記事、世界死刑廃止連盟の袴田再審開始に対する声明（田鎖麻衣子弁護士より提供された）等を配り、えん罪による長期勾留の問題を話し掛けた。私は、18名の委員全員に当たった。委員の反応はさまざまで、そっけない対応の委員もいたが、多くの委員は、「その問題は知っている」と好意的な返事をしてくれた。
　反応が良かったのは、日弁連のメンバーがそれぞれ映画会の案内ビラや日弁連レポート等を配って、委員に話し掛けたことによると思う。それと、英文や仏文の新聞記事を配ったとき、「それは見た」と言った委員も数名いた。再審開始決定は、外国でも報道され、関心のある委員は記事を読んでいたかも知れない。
　ロビーイングの成果があったかどうかは分からないが、本会議では、南アフリカ、アメリカ、イスラエルの3名の委員が、袴田事件の固有名詞を挙げて、日本政府に対し、「同じような死刑えん罪問題があるのではないか」「なぜ死刑を廃止しないのか」と厳しい質問をした。これに対する政府代表の答弁が「袴田事件は東京高裁で審理中です。日本では世論が死刑を支持している」という形式的なものだったのは残念である。
　会議終了後に発表された総括所見で、「政府は死刑廃止を十分に考慮すること。死刑廃止条約に加入すること」との強い勧告が出された。

【三上孝孜】

【執筆者一覧】

海渡雄一（かいど・ゆういち）
　　日本弁護士連合会国際人権（自由権）規約問題ワーキンググループ（以下、WG）座長
田島義久（たじま・よしひさ）　　　　WG 副座長
宮家俊治（みやけ・しゅんじ）　　　　WG 事務局長
山下優子（やました・ゆうこ）　　　　WG 事務局次長
石田真美（いしだ・まみ）　　　　　　WG 事務局委員
大谷智恵（おおたに・ともえ）　　　　WG 事務局委員
五十嵐二葉（いがらし・ふたば）　　　WG 委員
新倉修（にいくら・おさむ）　　　　　WG 委員
小池振一郎（こいけ・しんいちろう）　WG 委員
三上孝孜（みかみ・たかし）　　　　　WG 委員
申惠丰（しん・へぼん）　　　　　　　青山学院大学教授
藤田早苗（ふじた・さなえ）　　　　　エセックス大学人権センター・フェロー

国際人権(自由権)規約第6回日本政府報告書審査の記録
——危機に立つ日本の人権

2016年5月30日 第1版第1刷 発行

編 者	日本弁護士連合会
発行人	成澤壽信
編集人	北井大輔
発行所	株式会社現代人文社
	〒160-0004 東京都新宿区四谷2-10 八ツ橋ビル7階
	Tel: 03-5379-0307 Fax: 03-5379-5388
	E-mail: henshu@genjin.jp(編集)hanbai@genjin.jp(販売)
	Web: www.genjin.jp
発売所	株式会社大学図書
印刷所	株式会社平河工業社
装 幀	Malpu Design(清水良洋 + 李生美)

検印省略 Printed in Japan ISBN978-4-87798-622-3 C3032
© 2016 Japan Federation of Bar Associations

◎本書の一部あるいは全部を無断で複写・転載・転訳載などをすること、または磁気媒体等に入力することは、法律で認められた場合を除き、著作者および出版者の権利の侵害となりますので、これらの行為をする場合には、あらかじめ小社または著者に承諾を求めて下さい。

◎乱丁本・落丁本はお取り換えいたします。